CERCLE DE COLMAR

CATALOGUE

DES LIVRES

DE LA

BIBLIOTHÈQUE

COLMAR
Imprimerie Strasbourgeoise, Succursale de Colmar
1923

CERCLE DE COLMAR

CATALOGUE

DES LIVRES

DE LA

BIBLIOTHÈQUE

COLMAR
Imprimerie Strasbourgeoise, Succursale de Colmar
1923

RÈGLEMENT DE LA BIBLIOTHÈQUE

Art. 28.

Les volumes de la Bibliothèque sont à la disposition des membres, qui pourront les emporter à domicile.

Il est interdit d'emporter plus de 6 volumes à la fois et de les conserver plus d'un mois.

Il est formellement défendu de prêter ces livres à des personnes qui ne sont pas membres du cercle.

La Bibliothèque est ouverte le jeudi de 11 heures à midi et le samedi de 16 heures ½ à 17 heures ½.

CATALOGUE DES LIVRES

DE LA

BIBLIOTHÈQUE

ABOUT, Edmond : A. B. C. du travailleur. 1868.	1
— Germaine. 2 ex. 1857.	4/4a
— Gaëtana, Drame. 1863.	5
— L'homme à l'oreille cassée. 1862.	6
— L'infâme 1867.	7
— Lettres d'un jeune homme à sa cousine Madeleine.	8
— Dernières lettres d'un jeune homme à sa cousine Madeleine.	9
— Madelon. 2 vol.	10
— Maître Pierre. 2 ex.	11/12
— Les mariages de Paris.	13
— Les mariages de Province.	13a
— De Pontoise à Stamboul. 1884.	14
— Le progrès. 1864.	15
— La vieille roche. 3 volumes.	17
— Le roman d'un brave homme.	17a
— Tolla. 1860.	19
— Trente et quarante. 2 ex.	20/20a
— Le Turco. 1866.	21
ACHARD, Amédée : Belle-Rose. 1857.	25
— Brunes et blondes. 1859.	26
— Les campagnes d'un roué.	27
— La cape et l'épée. 1875.	28
— Les chaînes de fer. 1867.	29
— La chasse à l'idéal. 1867.	30
— La chasse royale. 2 vol.	31
— Droit au but.	32
— Le duc de Carlepont.	33
— L'eau qui dort.	34
— Entre le bal et le berceau. 1879.	35
— Envers et contre tous. 1874.	36
— La famille Guillemot. 1860.	37
— Les femmes honnêtes. 1859.	38
— Les filles de Jephté. 1861.	39

AIMARD, Gustave : Le cœur loyal. 95
— Le cœur de pierre. 1864. 96
— Cornelio d'armor. Légende mexicaine. 2 vol. 97
— Curumilla. 1860. 2 ex. 98/99
— L'eau qui court. 1883. 100
— L'éclaireur. 101
— Les fils de la tortue. Scènes de la vie indienne. 102a
— La fièvre d'or. 1860 102
— La grande flibuste. 1860. 103
— Le forestier. 1883. 104
— Le grand chef des Aucas. 1876. 2 vol. 105
— Le Guaranis. 1864. 106
— La loi de Lynch. 1859. 107
— La main ferme. 1862. 108
— La Mas-Horca. 1867. 109
— Le Montonero. 1864. 110
— Ourson Tête-de-fer. 1868. 111
— Les outlaws du Missouri. 112
— Les pirates des prairies. 113
— Le roi des placers d'or. 1869. 114
— Les rôdeurs des frontières. 1861. 115
— Les rois de l'océan. 1887. 2 vol. 116
— Rosas. 117
— Sacramento. 118
— Le souriquet. 2 vol. 119
— Valentin Guillois. 120
— Les Vaudoux. 1867. 121
— Les Vauriens du Pont-Neuf. 3 vol. 122

Vol. 1 : Le capitaine d'aventure.
Vol. 2 : La vie d'estoc et de taille.
Vol. 3 : Diane de Saint-Hyrem.

— Zeno Cabral. 1864. 123

AIMARD et CRISAFULLI : Les invisibles de Paris, 5 vol. .. 128

Vol. 1 : Les compagnons de la lune.
Vol. 2 : Passe-Partout.
Vol. 3 : Le comte de Warrens.
Vol. 4 : La cigale.
Vol. 5 : Hermosa.

AINSWORTH, W. Harrison : La tour de Londres. Rom. angl. 133

ANNUAIRE universel : L'annuaire illustré : Revue générale de l'année 1892. 161

ANDRIEUX, Louis : Souvenirs d'un préfet de police. 2 vol. 158

ANNUNZIO, Gabriel d' : Episcopo et Cie. 1895. 163
— Le triomphe de la mort. 1896. 164

BELOT, Adolphe : Mlle Giraud, ma femme. 473
— Les mystères mondains. 4 vol. 474a-b-c
— Reine de beauté. 1883. 475
— La princesse Sophia. 476
— Le roi des Grecs. 477
— La tête du Ponte. 478
— Le secret terrible. 1876. 480
BENOIT, Pierre : Koenigsmark. 1919. 481
— Pour Don Carlos. 1920. 483
BENJAMIN, René : Les soldats de la guerre. Gaspard. 1920. 482
BENTZON, Théodore : Constance. 1891. 485
— Une conversation exotique. 486
— Un divorce. 1897. 487
— Emancipée. 1887. 488
— Figure étrange. Un Gascon. 489
— Tentée. 490
BERANGER, Pierre Jean de : Ma Biographie. 1858. 495/495a
BERGERAT, Emile : Le Faublas malgré lui. 1883. 500
BERKELEY, Charles de : Vieille histoire. 1894. 505
BERLIOZ, Hector : Les grotesques de la musique. 1859. .. 510
— Les soirées de l'orchestre. 511
BERNARD, Charles de : Les ailes d'Icare. 1857. 516
— Le beau-père. Le veau d'or. 2 vol. 517
— L'écueil. 1858. 518
— Le gentilhomme campagnard. 2 vol. 519
— Gerfaut. 1856. 520
— Un homme sérieux. 1857. 521
— Le nœud gordien. 522
— Le paratonnerre. La peine du talion. 523
— Le paravent. 1858. 524
— La peau du lion et la chasse aux amants. 525
BERTHET, Elie : Le démon de la chasse. 1869. 540
— La femme du fou. 1884. 541
— Le fermier Reber. 542
— La fontaine de la fidélité. 543
— Le garde champêtre. 1885. 544
— Le gouffre. 1872. 545
— Les houilleurs de Polignies. 546
— La maison du malheur. 1886. 547
— La marchande de tabac. 547a
— Le martyre de la Boscotte. 548
— Odilia. 1883. 550
— L'oiseau du désert. 551
— Le sac de Laramée. 552

BOISGOBEY, Fortuné de : Fontenay, coups d'épée. 2 vol. 669
— La belle geolière. 2 vol. 670
— Jean coupe-en-deux. 1887. 671
— Margot la balafrée. 1884. 672
— La main coupée. 2 vol. 673
— Le mari de la diva. 674
— Marie bas-de-laine. 675
— Mérindol. 1883. 676
— Les nuits de Constantinople. 2 vol. 680/81
— L'œil de chat. 2 vol. 677
— Porte close. 2 vol. 678
— Le pouce crochu. 1885. 679
— La revanche de Fernando. 1882. 680
— Les suites d'un duel. 1882. 683
— La violette bleue. 684
BOISSONAS, de : Un vaincu. 692
BONNIERES, Robert de : Mémoires d'aujourd'hui. 702
.. Les Monach. Roman parisien. 1885. 703
BORDEAUX, Henry : Le carnet d'un stagiaire. 708
— L'écran brisé. La maison maudite. La jeune fille aux oiseaux. La visionnaire. 709
— Jeanne Michelin, chronique du 18e siècle. 710
— Les captifs délivrés. Douaumont-Vaux. 1916. 710a
— Le pays natal. 1900. 711
— La robe de laine. 1900. 712
— Les derniers jours du Fort de Vaux. 1919. 714
BORNIER, Henri : Comment on devient belle. 718
— La Lizardière. 719
— Mahomet. Drame en 5 actes en vers. 720
— Les noces d'Attila. Drame en 4 actes en vers. 721
BOURBEE, Simon : Mongroléon I. roi du Kaor-Tay. 1880. 736
BOULABERT, Jules : Les affranchis de préjugés. 726
BOURGES, Elémir : Le crépuscule des dieux. 741
BOURGET, Paul : André Cornelis. 1887. 756
— Un cœur de femme. 1890. 756a
— Un crime d'amour. 1898 757
— La dame qui a perdu son peintre. 758
— Les détours du cœur. 759
— Le disciple. 1889. 760
— La duchesse bleue. 1898. 760a
— L'étape. 2 ex. 761/761a
— Le fantôme. 761b
— Une idylle tragique. 1896. 762
— Mensonges. 1888. 762a

BOURGET, Paul : Recommencements. 763
— La terre promise. 763a
— Voyageuse. 1897. 764
— Cosmopolis. 765
— Laurence Albani. 1920. 766
— Un homme d'affaires. 767
BOUSSENARD, Louis : Aventures d'un héritier à travers le monde. 776
— De Paris au Brésil par terre. 777
— Aventures périlleuses de trois Français au pays des diamants. 3 vol. 1884. 774
Vol. 1 : Aventures périlleuses. 776
Vol. 2 : Le trésor des rois cafres. 778
Vol. 3 : Les drames de l'Afrique australe.
— 2000 lieues à travers l'Amérique du Sud. 779
— Les Robinsons de la Guyane. 3 vol. 782
Vol. 1 : Le secret de l'or.
Vol. 2 : Les mystères de la forêt vierge.
Vol. 3 : Le tigre blanc.
— Aventures d'un gamin de Paris à travers l'Océanie. 3 vol.
Vol. 1 : Aventures d'un gamin de Paris... 775
Vol. 2 : Le sultan de Bornéo. 783
Vol. 3 : Les pirates des champs d'or. 781
— Le tour du monde d'un gamin de Paris. 785
BOUVIER, Alexis : Le bel Alphonse. 1882. 791
— La belle Grêlée. 792
— Mademoiselle Beau-Sourire. 793
— Mademoiselle Olympe. 794
BOVET, Marie-Anne de : Confessions conjugales. 1896. .. 804
BRADA : Une impasse. 1899. 809
— Jeune madame. 1895. 810
— Joug d'amour. 1896. 811
— Madame d'Epone. 812
— L'ombre. 1898. 813
BRADDON, Marie-Elisabeth : L'allée des dames. 2 vol. 818
— Aurore Floyd. 2 vol. 819
— Barbara. 1881. 820
— Le capitaine du Vautour. 821
— La femme du docteur. 822
— Un fruit de la Mer-Morte. 2 vol. 823
— Henry Dumbar. Histoire d'un réprouvé. 824
— L'intendant Ralph et autres histoires. 825
— Le locataire de Sir Gaspard. 2 vol. 826

BRADDON, Marie-Elisabeth : Rupert Godwin. 1868. 827
— Le secret de Lady Audley. 1863. 828
— Lady Lisle. 829
— Le testament de John Marchmont. 2 vol. 830
— La trace du serpent. 2 vol. 831
— Le triomphe d'Eléanor. 2 vol. 832
— Vixen. 1883. 833
BREHAT, Alfred de : Le mari de Madame Cazot 843a
— Les vacances d'un professeur 843
LA BRETE, Jean de : Le comte de Palène 853
— Un obstacle. 854
— Mon oncle et mon curé. 855
— Roman d'une croyante. 856
— La solution. 1900. 857
— Un vaincu. 858
BRIOIS, docteur : La tour St-Jacques de Paris. 3 vol. 868
BRINGER et G. de la Fouchardière : Scipion Pégoulade.. 869
BULWER-LYTTON, Edward : Aventures de Pisistrate Caxton. Trad. angl. 878
— Le dernier jour des barons. 879
— Les derniers jours de Pompéi. 880
— Paul Clifford. 2 vol. 880a
— Rienzi ; le dernier des tribuns de Rome. 2 vol.. 881
— Zanoni. 882
BUSNACH, William : Le petit gosse. 1889. 886
CADOL, Edouard : Gilberte. 1887. 895
— Les inutiles. Comédie en 4 actes. 1868. 896
— Mariage de princesse. 1888
— Suzanne Herbin. 1894. 898
CANIVET, Charles : Lise Heurtevant. 903
CARLEN, Emilie : Un an de mariage. 1857. 922
— Deux femmes et un an de mariage. 923
— Les frères de lait. 1858. 924
— L'héroïne de roman. 2 vol. 925
— Un brillant mariage. 926
— Mademoiselle Nanny. 927
CARO, E. : Amour de jeune fille. 1892. 932
— Idylle nuptiale. 1896. 933
CASTELLANE AQUAVIVA, comtesse de : Le secret de Maroussia. 956
CASTON, Alfred de : Les tricheurs. Scènes de jeu. 1863. 958
CAUVAIN, Henry : Le mari de soeur Thérèse. 1891. 961
CELIERES, Paul : Une exilée. 1887. 963

CELLER, Ludovic : Les origines de l'opéra et le ballet de la reine. Etude sur les danses, la musique du 16e siècle. 1581. 965
CERVANTES, Saavedra Miguel de : Les nouvelles. 1858. 967
CELLINI, Benvenuto : Mémoires. 969
CHABOT, Adrien : L'institutrice. 1891. 975
CHABRILLAN, comtesse Lionel de : Marie Baude. 1883. 980
— La Sapho. 981
CHABRILLAN, Céleste de : Les voleurs d'or. 982
CHABRILLAT, Henry : Les amours d'une milionnaire. 987
— Friquet. 1885. 988
CHAMPFLEURY, Jules : Les bourgeois de Molinchart. .. 998
— La comédie académique. 999
— Les demoiselles Tourangeau. 1000
— Les premiers beaux jours. 1001
— La belle Paule. 1867. 1002
— Les sensations de Josquin. 1003
— Surtout n'oublie pas ton parapluie. 1004
CHANDENEUX, Claire de : Les giboulées de la vie. 1009
CHANDPLAIN, Marc de : Le fond d'un cœur. 1891. 1014
— Louloute. Moeurs parisiennes. 1015
CHANTEPLEURE, Guy : Ma conscience en robe rose. 1895. 1020
— Fiancée d'avril. 1900. 1021
— Les ruines en fleurs. 1022
— La passagère. 1911. 1022
CHAPERON, Philippe : Daniel Servan. 1890. 1032
— Misères de coeur. 1891. 1033
CHASLES, Philarète : Encore sur les contemporains, leurs oeuvres et leurs moeurs. 1869. 1052
CHASSAING, F. : Mes chasses au lion. 1865. 1058
CHATEAUBRIAND, François René : Atala et le dernier Abencérage. 1063
— La Génie du Christianisme. 3 vol. 1064
— Les martyrs. 2 vol. 1064a
— Les Natchez. 2 vol. 1065
CHAVETTE, Eugène : Les petites Comédies du vice. 1882. 1071
— Les petits drames de la vertu. 1072
— Les bêtises vraies. 1073
— L'oreille du cocher. 1074
CHAZEL, Prosper : Histoire d'un forestier. 1881. 1081
CHENEVIERE, Adolphe : Double faute. 1891. 1086
CHERBULIEZ, Victor : Après fortune faite. 1896. 1091
— La bête. 1887. 1092
— Un cheval de Phidias. 1864. 1093

CHERBULIEZ, Victor : Le comte Kostia. 1094
— La ferme Choquard. 1095
— Une gageure. 1890. 1097
— Prosper Randoce. 1096
— Noires et rouges. 1906. 1098
— Olivier Maugant. 1883. 1099
— Le secret du précepteur. 1100
— La vocation du comte Ghislain. 1101
CHERVILLE, G. de : Les bêtes en robe de chambre. 1106
— Lettres de mon jardin. 1882. 1107
— La piaffeuse. 1883. 1108
CHEVALIER, Emile : La Huronne. Scènes de la vie canadienne. 1112
— La fille des Indiens rouges. 1113
— Les derniers Iroquois. 1863. 1114
— Les nez-percés. 1115
— Peaux rouges et peaux blanches. 1116
— Les pieds noirs. 1117
— La tête plate. 1862. 1119
CHILRA, Jean de : La princesse des ténèbres. 1896. 1124
CHUT : Péchés mignons. 1881. 1134
CLARETIE, Jules : Jean Marnas. 1885. 1135
— Madeleine Bertin. 1135a
— Le million. 1882. 1136
— Monsieur le ministre. Comédie en 5 actes. 1137
— Monsieur le ministre. Roman. 1138
— Noël Rambert. 1140
— Noris. Moeurs du jour. 1883. 1141
— L'obsession. Moi et l'autre. 1142
— Le prince Zilah. 1143
— Le prince Zilah. Pièce en un acte. 1143a
— Puyjoli. 1890. 1144
— La vie à Paris. 6 vol. **Années 1880 à 85.** 1145a
— Quarante ans après. Impressions d'Alsace et de Lorraine. 1910. .... 1145b
— L'Américaine. 1892. 1146
CLAUDIN, Gustave : Point et virgule. 1860. 1155
— Mes souvenirs. Les boulevards de 1840/70. 1156
CLEMENCEAU, G. : Dans les champs du pouvoir. 1913. 1164
COCHIN, Denys : Quatre Français. 1912. 1176
COLET, Louise : Les derniers marquis. 2 mois aux Pyrénées. 1182
COLLINS, William (Wilkie) : Armadale. 2 vol. 1188
— La femme en blanc. 1862. .... 1188a

COLLINS, William (Wilkie) : Mari et femme. 1872. .... 1188b
— La mer glaciale. 1188c
— La morte vivante. 1874. .... 1188d
— La pierre de lune. 1872. .... 1188e
— Sans nom. 1863. 2 vol. 1188f
— Le secret. 1858. .... 1188g
COLLOMBET : Chateaubriand, sa vie et ses écrits. 1192
COLOMBEY, Emile : Les aventures de Babolin........... 1197
— L'esprit au théâtre. 1198
— Ruelles, salons et cabarets. 1858. 1199
CONSCIENCE, Henry : Aurélien. 1860. 2 vol. 1209
— Batavia. 1859. 1210
— Le cantonnier. L'illusion d'une mère. 1211
— Le conscrit. 1862. 1212
— Le coureur des grèves. 1213
— Le démon de l'argent. 1214
— Le démon du jeu. 1215
— Le jeune docteur. 1216
— La fiancée du maître d'école. 1217
— Le fléau du village. Le bonheur d'être riche. 1218
— Le gentilhomme pauvre. 1219
— La guerre des paysans. 1220
— Le lion de Flandre. 2 vol. 1221
— Maître Valentin. 1222
— Le mal du siècle. 1223
— Le marchand d'Anvers. 1224
— Le martyre d'une mère. 1870. 1225
— La mère Job. La grâce de Dieu. La grand'mère. 1226
— L'oncle Jean. 1227
— L'oncle Reimond. 1868. 1228
— L'orpheline. La fille de l'épicier. 1229
— La préférée. Une voix d'outre-tombe. 1230
— Le sang humain. 1871. 1231
— Scènes de la vie flamande. 2 vol. 1232
— La tombe de fer. 1864. 1233
— Le tribun de Gand. 1861. 1234
— Les veillées flamandes. 1235
— La voleuse d'enfant. 1236
CONTEMPORAIN, un : Recherches sur l'art de parvenir. 1246
COOPER, Fenimore : Vol. 1 : Précaution, ou le choix d'un mari. 1251a-m
Vol. 3 : Le pilote.
Vol. 4 : Lionel Lincoln.
Vol. 5 : Le dernier des Mohicans.

Vol. 6 : Les pionniers.
Vol. 8 : Le Corsaire rouge.
Vol. 9 : Puritains d'Amérique.
Vol. 10 : L'écumeur de mer.
Vol. 11 : Le bravo.
Vol. 12 : Heidenmauer.
Vol. 13 : Le bourreau de Berne.
Vol. 14 : Les Monikins.
Vol. 15 : Le paquebot américain.
Vol. 17 : Le lac Ontario.

COPPEE, François : Les Jacobites. Drame en 5 actes en vers. 1256
— Poèmes modernes. —.......... 1257
— Les vrais riches. 1257a
— Severo Torelli. Drame en 5 actes en vers. 1258
— Lettres à sa mère et à sa soeur. 1259
CORNUT, Samuel : Miss. 1896. 1267
CORTHIS, André : Pour moi seule. 1920. 1268
COURTELINE, Georges : Le train de 8 h. 47. 1283
COUTEAUX, Aristide : Chez les bêtes. Souvenirs et refléxions d'un vieux chasseur. 1298
CUMMINS, Miss : L'allumeur de reverbères. 1308
DANRIT, Capitaine : Au-dessus du Continent Noir. 1317
DARYL, Philippe : En Yacht. 1318
— Le monde chinois. 1885. 1319
— Signe Meltroe. Moeurs berlinoises. 1320
— Wassili Samarin. 1321
DASH, Comtesse : Les secrets d'une sorcière. 2 vol. 1326/27
DAUDET, Alphonse : Le petit chose 1335
— L'évangéliste. 1334
— La Fédor. 1334a
— Froment jeune et Risler aîné. 1335
— L'immortel. 1336
— Jack. 2 vol. 1337
— Numa Roumestan. 1338
— Port Tarascon. 1339
— Robert Helmont. 1340
— Les rois en exil. 1341
— Sapho. 1884. 1342
— La petite paroisse. 1343
— Contes du lundi. 1344
— L'obstacle. 1345
DAUDET, Ernest : La carmélite. 1883. 1347
— Les coulisses de la société parisienne. 1348

DICKENS, Charles : Vie et aventures de Nicolas Nickleby. 1462
— Oliver Twist. 1463
— Paris et Londres en 1793. 1464
— Les temps difficiles. 1465
— L'abîme. 1470
DISRAELI : La famille Baroni : dans Carlen : un brillant mariage. 926
DOSTOIEVSKY, Théodore : Les frères Karamazow. 2 vol. 1498
DRACK, Maurice : Le boudoir bleu. 1891. 1503
DROZ, Gustave : Autour d'une source. 1508
— Babolain. 1872. 1509
— Le cahier bleu de Mlle Cibot. 2 vol. 1510
— L'enfant. 1885. 1511
— Entre nous. 1512
— Les étangs. 1513
— Une femme gênante. 1514
— Monsieur, Madame et bébé. 2 ex. 1515a
DROZ, Paul : Lettres d'un dragon. 1883. 1520
DRUMONT, Edouard : La fin d'un monde. 1889. 1525
— La France juive. 1885. 1526
— La France juive devant l'opinion. 1527
DUBARRY, Armand : Le roman d'un baleinier. 1869. 1523
DUBUT de Laforest : Angéla Bouchand. 1537
— La haute bande. 1894. 1538
— Le cornac. 1887. 1539
— Les petits Rastas. 1540
DUHAMEL, Georges : La possession du monde. 1920. 1551
— Civilisation. 1917. 1552
— Vie des martyrs. 1916. 1553
DUMAS, Alexandre : Acté. 1865. 1559
— Ange Pitou. 2 vol. 1560
— L'Arabie heureuse. 1860. 1561
— Le Caucase, 3 vol. 1865. .... 1577a
— Le Midi de la France. 2 vol. 1851. .... 1577c
— En Russie, 4 vol. 1865. .... 1557d
— Suisse, 3 vol. 1869. .... 1577f
— La vie au désert. 2 vol. 1860. 1594
— Ascanio. 2 vol. 1562
— Les baleiniers. Voyages aux terres antipodiques. 1563
— Les blancs et les bleus. 3 séries. 1564
— Les Borgia. 1565
— La boule de neige. 1566a
— Bric-à-brac. 1861. .... 1566b
— Causeries. 2 séries. 1566

DUMAS, Alexandre : Le chevalier d'Harmental. 2 vol. 1567
— Conscience d'innocent. 2 vol. 1568
— Le comte de Monte-Christo. 6 vol. 1569
— La comtesse de Charny. 6 vol. 1570
— La dame de Monsoreau. 1891. 1571
— La dame de volupté. 2 vol. 1572
— Les deux Diane. 3 vol. 1854. 1573
— L'envers d'une conspiration. Com. en 5 actes. 1574
— Les mille et un fantômes. 1575
— Le fils du forçat. 1576
— Une fille du régent. 1576a
— Gabriel Lambert. 1576b
— Histoires de mes bêtes. 1867. .... 1576c
— Le capitaine Aréna. 1861. .... 1577a
— Le Caucase. 3 vol. Impressions de voyage. 1577
— Le Corricolo. 2 vol. 1577b
— Le midi de la France. La Russie, la Suisse. 1577c
— Le Spéronare. 2 séries. 1577e
— La villa Palmieri. Impr. de voyage. 1577f
— Joseph Balsamo. 5 vol. 1578
— Marie Stuart. Karl Sand. Murat. 1581
— La marquise de Brinvilliers. 1582
— Massacres du midi. Urbain Grandier. 1583
— Mes mémoires. 10 séries. 1584
— Les morts vont vite. 2 vol. 1585
— Les trois mousquetaires. 2 vol. 1586
— Olympe de Clèves. 3 vol. 1587
— La reine Margot. 2 vol. 1588
— La route de Varennes. 1860. 1589
— La San-Félice. 9 vol. (5 et 7 manquent). 1590
— Souvenirs d'une favorite. 3 vol. 1591
— La terreur prussienne. 2 vol. 1592
— Le vicomte de Bragelonne. 6 vol. 1593
— Vingt ans après. 3 vol. 1595

DUMAS, fils, Alexandre : Affaire Clémenceau. 1598
— Aventures de quatre femmes et d'un perroquet. 1599
— La dame aux camélias. Drame en 5 actes. 1600
— La dame aux perles. 1874. 1601
— Le demi-monde. Com. en 5 actes. 1602
— Denise. Pièce en 4 actes. 1602a
— L'étrangère. Com. en 5 actes. 1603
— Le fils naturel. Com. en 5 actes. 1604
— Les femmes qui tuent et les femmes qui volent. .. 1605
— Francillon. Pièce en 3 actes. 1606

DUMAS, fils, Alexandre : Trois hommes forts. 1607
— Les idées de Mme Aubray. Com. en 4 actes. 1608
— Un père prodigue. Com. en 5 actes. 1609
— La princesse de Bagdad. Pièce en 3 actes. 1610
— La question d'argent. Com en 5 actes. 1611
— Hamlet, prince de Danemark. 1615
DUPLAN : Lettres d'un vieil Américain à un Français. 1626
DUPLESSIS, Paul : Le batteur d'estrade. 2 vol. 1630
DURANTIN, Armand : Héloise Paranquet. 1640
DURUY, Georges : Fin de rêve. 1642
DUSSERRE, Antonin : Jean et Louise. 1914. 1645
DU TILLET, J. : De nos jours. 1648
DUVAL Georges : Le quartier Pigalle. 1650
DU VALLON, Georges : Autour d'une héritière. 1652
DUVAUCHEL, Léon : L'hortillonne. Mœurs picardes. 1655
EBERS, Georges : La fille du Pharaon. Trad. allem. 1660
ECCARD, Frédéric : L'Alsace sous la domination allemande.
1920. 1661
EDMOND, Charles : La bucheronne. 1665
— Zéphirin Cazavan en Egypte. 1880. 1666
ENAULT, Louis : Mlle de Champrosay. 1676
— Alba. 1882. 1681
— Tragiques amours. 1891. .... 1681a
— Le baptême du sang. 1873. 2 vol. 1682
— Christine. 1683
— Cordoval. 1684
— En Province. 1685
— Histoire d'une femme. 2 vol. 1686
— Irène. Un mariage. Deux villes mortes. 1687
— Nadèje. 1906. 1688
— Pêle-mêle. 1689
— Les perles noires. 2 vol. 1690
— La pupille de la légion d'honneur. 2 vol. 1691
— Le secret de la confession. 2 vol. 1692
— Stella. 1693
— La veuve. 1877. 1694
— La vierge du Liban. 1695
ERCKMANN, Jules : Le barbier sans pareil. 1868. 1710
— Le père La Vendée. 1711
ERCKMANN-CHATRIAN : Alsace ! Drame en 5 actes et
8 tableaux. 1716
— L'ami Fritz. Comédie en 3 actes en prose. 1717a
— Le banni. 1718
— Le blocus. 1719

ERCKMANN-CHATRIAN : Le brigadier Frédéric. 1720
— Une campagne en Kabylie. 1721
— L'illustre docteur Mathéus. 1722
— Les deux frères. 1873. 1723
— Le joueur de clarinette. 1724
— Contes de la montagne. 1725
— Contes populaires. 1726
— Contes des bords du Rhin. 1727
— Contes vosgiens. 1728
— Le grand-père Lebigre. 1729
— La guerre. 1730
— Histoire d'un conscrit de 1813. 1731
— Histoire d'un homme du peuple. 1732
— Histoire d'un paysan. 4 vol. 1733
— Histoire du plébiscite. 1872. 1734
— Histoire d'un sous-maître. 1735
— L'invasion ou le fou Yégof. 1736
— Madame Thérèse. 1737
— Les vieux de la vieille. 1738
— Waterloo. (Suite du conscrit de 1813.) 1739

ESTOURMEL, Joseph d' : Souvenirs de France et d'Italie dans les années 1830, 1831 et 1832. 1744
— Derniers souvenirs. 1745

ETINCELLE : L'irrésistible. 1715

EXPOSITION : L'exposition de Paris 1889. 4 vol. 1755

EYMA, Xavier : Excentricités américaines. 1780
— Les femmes du nouveau monde. 1781
— Les peaux-rouges. Scènes de la vie des Indiens... 1782
— Le roi des tropiques. 1860. 1783

FABRE, Ferdinand : La petite mère. 4 vol. 1788
T. 1 : La paroisse du jugement dernier.
T. 2 : Le calvaire de la baronne Fuster.
T. 3 : Le combat de la fabrique Bergonnier.
T. 4 : L'hospice des enfants assistés.

FABRE, J. H. : Souvenirs Entomologiques. 1920. 2 vol. 1791

FALLOUX, Alfred Pierre de : Madame Swetchine sa vie et ses œuvres. 2 vol. 1792

FARRERE, Claude : Dix-sept histoires de marins. 1920. 1789
— Quatorze histoires de soldats. 1920. 1796
— La maison des hommes vivants. 1798

FATH, René : Mariage américain. 1803
— La rançon du bonheur. 1804

FAURE, Emile : Le cabaret de la maison rouge. 1809

FERRERO, Guglielmo : La ruine de la civilisation antique. 1922. 1816
FERRY, Gabriel : Cap de fer. 1887. 1820
— Le coureur des bois ou les chercheurs d'or. 1821
— Scènes de la vie militaire au Mexique. 1860. 1822
— Scènes de la vie sauvage au Mexique. 1823
— Les squatters. 1824
— Le vicomte de Chateaubrun. 1861. 1825
FEUILLET, Octave : Le cheveu blanc. Comédie en 1 acte en prose. 1835
— Histoire d'une Parisienne. 1881. 1836
— Histoire de Sibylle. 1837a
— Honneur d'artiste. 1838
— Monsieur de Camors. 1867. 1839
— Le roman d'un jeune homme pauvre. 1840
— Un roman parisien. Pièce en 5 actes. 1841
— La tentation. Pièce en 5 actes. 1842
— La veuve. Le voyageur. 1884. 1843
FEVAL, Paul : Aimée. 1862. 1848
— Le bossu ou le petit Parisien. 1866. 3 vol. 1849
— Le capitaine Simon. 1866. 1850
— Le cavalier Fortune. 2 vol. 1851
— La cosaque. Le roman de minuit. 1852
— Les gens de la noce. 1865. .... 1852a
— Le mari embaumé. Souvenir d'un page de Monsieur de Vendôme. 2 vol. 1852b
— La vie de Jérusalem. 1868. 2 vol. 1853
— Cœur d'acier. 1854
FEYDEAU, Ernest : Comment se forment les jeunes gens... 1858
— Daniel. Etude. 2 vol. 1859. 1859
— Un début à l'opéra. Etude. 1860
— Le mari de la danseuse. 1863. 1861
— Monsieur de St. Bertrand. 1862a
— Le roman d'une jeune mariée. 1863
— Le secret du bonheur. 1864
FIGUIER, Louis : Nouvelles languedociennes. 1884
FILON, Auguste : Violette Mérian. 1891. 1889
FLAUBERT, Gustave : L'Education sentimentale. Histoire d'un jeune homme. 1916
— Madame Bovary. 2 vol. 1917
FLECHIER, Esprit : Mémoires sur les grands jours d'Auvergne en 1655. 1922
FLOR O'SQUAR et DUPAN : Recette contre les belles-mères. Comédie-Vaudeville en 1 acte. 1927

FLORAN, Marie : Dernière cartouche. 1899. 1932
— La faim et la soif. 1896. 1933
— Romanesque. 1889. 1934
FOGAZZARO, Antonio : Daniel Cortis. Trad. de l'italien. 1939
— Le saint. 1906. 1940
FORGUES, C. D. : Le rose et le gris. 1860. 1950
FORMONT, Maxime : La danseuse. 1955
FOUCHER, Paul : Entre cour et jardin. Etudes et souvenirs de théâtre. 1867. 1965
FOURNEL, Victor : Curiosités théatrales. 1859. 1970
FRANAY, Gabriel : Le château des Airelles. 1895. 1981
— Mon chevalier. 1982
— Mademoiselle Huguette. 1983
FRANCE, Anatole : Les dieux ont soif. 1986
— Le lys rouge. 1984
— Les sept femmes de Barbe-Bleue. 1989
— Histoire comique. 1990
— L'île des pingouins. 1991
— Le livre de mon ami. 1991
— Le puits de Sainte-Claire. 1992c
— L'orme du mail. 1897. 1992
— La révolte des anges. 1992a
— Sur la pierre blanche. 1992b
— L'anneau d'Améthyste. 1894. .... 1992b
— La rôtisserie de la reine Pédauque. 1995
— Le petit Pierre. 1918. 1999
FRANCE, Jeanne : La baronne de Langis. 1885. 1998
FRANK, Jack : Hors du monde. 1885 2008
FREMY, Arnould, : Les batailles d'Adrienne. 1865. 2018
FREYTAG, Gustave : Doit et avoir. Trad. de l'allem. 2030
FRIBOURG, André : Croire. Histoire d'un soldat. 1920. .. 2031
FROMENTIN, Eugène : Dominique. 1912. 2034
— Les maîtres d'autrefois. Belgique-Hollande. 2036
FULBER, Florent : Une femme collante. 1887. 2041
FULLERTON, Lady : L'oiseau du bon Dieu. Trad de l'angl. 2046
FUNK-BRENTANO : L'affaire du collier 2051
— Mandrin. 2052
GABORIAU, Emile : L'affaire Lebouge. 2062
— Le capitaine Coutanceau. 2063
— Les comédiennes adorées. 1878. 2065
— Les gens de bureau. 1862. 2066
— Le 13e hussards. 1861. 2067
— Monsieur Lecoq. 1869. 2 vol. 2068
— La vie infernale. 2 vol. 2069

GABORIAU, Emile : La clique dorée. 1871. 2064
GAGNEUR, M.-L. : Les forçats du mariage. 2074
— Les vierges russes. 1882. 2075
GALLIENI, général : Mémoires du général Galliéni. 1921. 2076
GAMOND, Pierre de : Pascale-Roman. 2080
GANDILLOT, Léon : Les femmes collantes. Com. bouffe en 5 actes. 2083
GANDON, Antoine : L'oncle Philibert. 1862. 5 actes. 2085
— Souvenirs intimes d'un vieux chasseur d'Afrique. .. 2086
GASKELL : Nord et Sud. Roman anglais. 1859. 2091
GASPARIN, Agénor de : L'ennemi de la famille. 1874. .. 2097
— Pensées de liberté inédites. 1876. 2098
GASTINEAU, Benjamin : Monsieur et Madame Satan. 2103
— Sottises et scandales du temps présent. 2104
GASTYNE, Jules de : Le drame des Chartrons. 2109
GAULOT, Paul : Les chemises rouges. 1893. 2114
GAUTIER, Judith : Le vieux de la montagne. 1893. 2219
GAUTIER, Théophile : La belle Jenny. 1865. 2123
— Le capitaine Fracasse. 2 vol. 2124
— Caprices et zigzags. 1865. 2125
— Les grotesques. 1856. 2126
— Mademoiselle de Maupin. 1885. 2128
— Ménagerie intime. 2129
— Nouvelles. 2130
— Quand on voyage. 1865. 2131
— Loin de Paris. 1865. 2129
— Les vacances du lundi. 2132
— Voyage en Russie. 2 vol. 1867. 2133
GAVAZZI, le père : Sermons, suivis de l'ouverture des chambres à Gaète et du départ de la police, pièce macaronique. 2138
GAY, Sophie : La comtesse d'Egmont. 1863. 2143
GENEVOIX, Gustave : Amour d'épouse. 1891............ 2144
GENNEVRAYE, A. : Andrée de Lozé. 1889. 2146
— Les embarras d'un capitaine de dragons. 2147
— Le roman d'un méconnu. 2148
— Une sous-préfète. 1890. 2149
GENNEVRAYE, A. : Tintin. 1893. 2150
— Trop riche, 1885. 2151
— Marchand d'allumettes. 2152
— Pour l'honneur. ....
GEORGES, Paul : L'héritage du père. 2156
GEORGET, Alphonse : Rêve brisé. 1897. 2161
GERARD, Jules : Le mangeur d'hommes. 1862. 2178

GERMAIN, Auguste : L'agité. 1891. 2183
— A toutes brides. 1893. 2184
GHIKA, Aurélie : La duchesse de Cerni. 2188
GIFFARD, Pierre : Les grands bazars. 1882. 2190
GIRAUDOUX : Simon le Pathétique. 1920. 2194
— Siegfried et le Limousin. 2195
GIRARDIN, Mme Emile de : La canne de M. de Balzac. 1867. 2198
— Monsieur le Marquis de Fontanges. 2199
— Marguerite ou deux amours. 1859. 2200
— Nouvelles. 2201
— Poésies complètes. 1861. 2202
— Les deux sœurs. 1865. 2203
— Le vicomte de Launay. 4 vol. 2204
GLEIZE, Lucien : La dame de comptoir. 2209
GLOUVET, Jules de : L'idéal. 2214
— Marie Fougère. 1889. 2215
— Le père. 1886. 2216
— La fille adoptive. 2217
GOGOL, Nicolas : Le manteau : Dans Marnier : Au bord de la Néva. 2231
GONCOURT, Edmond de : Chérie. 1884. 2231
— La fille Elisa. 2232
— Charles Demailly. 2237
— Henriette Maréchal, Drame en 3 actes. 2238
— Madame Gervaisais. 2239
— Nanette Salomon. 2 vol. 2240
— René Mauperin. 1864. 2241
GONDINET, Edmond : Garaut, Minard & Cie. 2246
— Le panache. Com. en 3 actes. 1880. 2247
— Un Parisien. Com. en 3 actes. 2248
— Un voyage d'agrément. 2253
GONZALES, Emmanuel : La fiancée de la mer. 1882 2263
— La belle novice. Histoire du temps des francs juges. 2264
— Une princesse russe. 1865. 2265
— Voyages en pantoufles. 2266
GONZALES et MOLERI : Les sept baisers de Buckingham. 2270
GORKI, Maxime : Thomas Gordeieff. Trad. du russe. 2275
GORON : Les mémoires de M. Goron, Chef de la sûreté. 4 vol. 2280
GOURDON, Edouard : Chacun la sienne. 2285
— Louise. 1860. 2286
— Le dernier amour de Henry IV. 2291

GOZLAN, Léon : Les aventures du Prince de Galles. Georges III. 2296
— Comment on se débarrasse d'une maîtresse. 2298
— Les martyrs inconnus. 1866. 2299
— Le plus beau rêve d'un millionnaire. 2300

GRANGE, Eugène et BERNARD, Victor : La brebis égarée. Com. en 4 actes. 2305

GREVILLE, Henry : Angèle. 1883. 2325
— Aurette. 2326
— L'avenir d'Aline. 1889. 2327
— L'aveu. 1894. 2328
— Bonne-Marie. 2329
— Céphise. 1896. 2330
— Chant de noces. 1889. 2331
— Chénérol. 1892. 2332
— Clairefontaine. 2333
— Le cœur de Louise. 2334
— Le comte Xavier. 2335
— Un crime. 1884. 2336
— Les degrés de l'échelle. 2336a
— La fiancée de Sylvie. 2339
— La fille de Dosia. 2340
— Le fil d'or. 1895. . . . . 2339a
— L'ingénue. 2340a
— Louis Breuil. Histoire d'un Pantouflard. 2341
— Louk Loukitsch. 2342
— Lucie Rodey. 2343
— Madame de Dreux. 2344
— La maison de Maurèze. 2345
— La Mamselka. 2345a
— Le mari d'Aurette. 1892. 2346
— Les mariages de Philomène. 2347
— Marier sa fille. 2346
— Le vieux ménage. 2349
— La seconde mère. 2350
— Le mors aux dents. 2351
— Le moulin Frappier. 2352
— Un mystère. 2353
— La Niania. 2354
— Nikanor. 2355
— Les ormes. 2355a
— Le passé. 2356
— Perdue. 2357
— La princesse Oghérof. 2358

GREVILLE, Henry : Petite princesse. 2359
— Jolie propriété à vendre. 2360
— Rose Rozier, 2 vol. 2361
— Sonia. 2362
— Vie d'hôtel. 2362a
— Villoré. Snobs de province. 1898. 2364
— Le vœu de Nadia. 2365
— L'héritière. 2366
GRISON, Georges : Paris horrible et Paris original. 2370
GROSCLAUDE : Les gaietés de l'année. 2 vol. 2375
GUERIN, Eugénie de : Journal et fragments. 1912. 2381
— Lettres. 2381
GUILBERT, Yvette : Les demi-vieilles. 2384
GSELL, Paul : Les matinées de la villa Saïd. 1922. 2385
GUIZOT, François : L'amour dans le mariage. 2390
GYP : Autour du divorce. 2399
— Autour du mariage. 2400
— Bijou. 2401
— Le cœur d'Ariane. 2402
— Le druide. 2403
— Eux et elles. 1897. 2404
— La fée surprise. 1897. 2405
— Mademoiselle Eve. 1895. 2406
— Un mariage chic. 2407
— Le mariage de Chiffon. 2 ex. 2408
— Monsieur de Follenil. 1899. 2409
— Ces bons Normands. 1895. 2410
— O province ! 1890. .... 2410a
— Petit bleu. 1889. 2411
— Le bonheur de Ginette. 2412
HACKLAENDER, F. W. : La vie militaire en Prusse. 4 séries. 2416
HALEVY, Ludovic : L'abbé Constantin. 1882. 2420
— Madame et Monsieur Cardinal. 2421
— Les petits Cardinal. 2422
— Criquette. 1883. .... 2422a
— L'invasion. 2423
— Princesse. 4 contes. 2423a
— Karikari. 6 contes. 2424
— Notes et souvenirs. 1889. 2425
— Un mariage d'amour. 1881. 2426
— Le président Wilson. 1918. .... 2426a
HALLAYS-DABO, Victor : Histoire de la censure théatrale en France. 1862. 2430

HALLAYS-DABO, Victor : A travers l'Alsace. 2427
HALT, Robert : Brave garçon. 2431
— Madame Frainex. 2432
— Une cure de docteur Pontolais. 2435
HANSI et TONNELAT : A travers les lignes ennemies. .. 2428
HATIN, Robert : Histoire du Journal en France. 2440
HEMON, Louis : Maria - Chapdelaine. 1921. 2446
HERICAULT, Ch. d' : Le roman d'un propriétaire. 2453
HERMANT, Abel : Le cavalier Miserey. 1887. 2455
— Les confidences d'une aïeule. 2456
— La discorde. 1907. 2457
— La petite femme. 1913. 2458
— Le crépuscule tragique. 1921. 2459
— L'aube ardente. 1921. 2460
HERRIOT, Edouard : Agir. 1920. .... 2458b
HERVIEU, Paul : L'armature. 2462
— Le petit duc. 1896. 2463
— Flirt. 1890. 2464
HILDEBRAND : Scènes de la vie hollandaise. 2471
HONORE, Oscar : Le roman d'une jeune fille pauvre. ....
HOUSSAYE, Arsène : Les amours de ce temps là. 1875. 2491
— Les aventures galantes de Margot. 2492a
— Les charmeresses. 1895. 2493
— Les comédiennes d'autrefois. 2 vol.. 2494
— Les courtisanes du monde. 4 vol. 2495
— Les grandes dames. 4 vol. 2496
— Les femmes comme elles sont. 2497
— Les femmes du diable. 2498
— Les filles d'Eve. 2498a
— Galerie du 18e siècle. Princesses de comédie. ..
— Sculpteurs, peintres, musiciens. 2499c
— Mademoiselle Mariani. 1859. 2501
— Mademoiselle Rosa. 1882. 2 vol. 2502
— Les Parisiennes. 4 vol. 2503
— La pécheresse. 1864. 2504
— La belle Raffaella. 1874. 2505
— Le repentir de Marion. 1865. 2506
HOUSSAYE, Arsène : Romans parisiens. 2509
— La vertu de Rosine. 2510
— Mille huit cent quinze. 3 vol. .... 2515 a et b
HUGO, Victor : Histoire d'un crime. 2 vol. 2530
— Lucrèce Borgia. 1881. 2531
— Les misérables. 10 vol. 2532
— Quatre-vingt-treize. 2 vol. 1874. 2533

HUGO, Victor : Le Rhin. Lettre à un ami. 3 vol. 2534
— William Shakespeare. 1864. .... 2534a
— Théâtre. 1873. 2529
— Les travailleurs de la mer. 3 vol. 1866. 2535
HUGONNET, Ferdinand : Souvenirs d'un chef de bureau. 2540
HUYSMANS, J. K. : En route. 2554
IMMERMANN, Charles : Les paysans de Westphalie. 1860
Rom. trad. de l'allemand. 2564
INCONNU : Monsieur et Madame X. 2570
— La plage d'Etretat. 1868. 2571
IRONIES : Les ironies d'un joueur de luth. 2575
JACOB, L. (Bibliophile Jacob) : Curiosités de l'histoire des
arts. 4 vol. 1858. 2580
JACOLLIOT, Louis : Mémoires d'un lieutenant de vaisseau. 2587
JALOUX, Edmond : Fumées dans la campagne. 1922. .. 2594
— Barnave. 2 vol. 2598
JANIN, Jules : Un cœur pour deux amours. 2599
— Les contes du chalet. 1863. 2600
— Contes non estampillés. 2601
— Contes fantastiques et contes littéraires. 2602
— La fin du monde et du neveu de Rameau. 2603
— L'interné. 1869. 2604
— Les ciseaux bleus. 1864. 2605
— Petits romans d'hier et d'aujourd'hui. 2606
— Le talisman. 1866. 2607
— Souvenirs intimes. 2612
JOLIET, Charles : Le capitaine Harold. 1886. 2617
— Les mains blanches. 1883. 2618
— Violette. Misères et splendeurs d'une comédienne. 2619
JOURDAIN, Louis : Contes industriels. 1859. 2623
KAISER, Isabelle : Sorcière. 1896. 2635
KARR, Alphonse : A bas les masques. 2637
— Agathe et Cécile. 1856. 2638
— Au soleil. 1883. 2639
— Le credo du jardinier. 1875. 2640
— Dans la lune. 2641
— Les dents du dragon. 2642
— Devant les tisons. 1857. 2643
— Les femmes. 1857. 2644
— Encore les femmes. 1858. 2645
— En fumant. 1882. .... 2645a
— Les fleurs. 1861. 2646
— Grains de bons sens. 1880. 2647
— Les guêpes. 6 séries. 2648

KARR, Alphonse : La maison close. 1870. 2649
— 300 pages. Mélanges philosophiques. 2650
— La pêche en eau douce et en eau salée. 2651
— La Pénélope normande. 1860. 2652
— Une poignée de vérité. 1858. .... 2653a
— Promenades hors de mon jardin. 2654
— Le siècle des microbes. 1891. 2655
— Sous les orangers. 1859. 2656
— Sous les pommiers. 1882. 2657
— Voyage autour de mon jardin. 2658
KARMOR, Jann : Evoluée. 1910. 2663
KOMPERT, Léopold : Scènes du ghetto. 1859. 2688
L'ABBE *** : Le jésuite. 2 vol. in-8. 2703
— Le maudit. 3 vol. in-8. 2704
— Les odeurs ultramontaines. 1867. 2705
— La religieuse. 2 vol .in-8. 2706
— Le curé de campagne. 2 vol. 1867. ...... 2707 a et b
LABICHE, Eugène : Théâtre. 10 vol. 1878. (vol. 2 et 3 manquent). 2711
LABOULAYE, Edouard : Abdallah ou le trèfle à quatre feuilles. 2716
— Contes et nouvelles. 1868. 2717
— Le prince Caniche. 1868. 2719
— Paris en Amérique. 1863. 2721
— Souvenirs d'un voyageur. 1869. 2723
LACHAMBAUDIE, Pierre : Fables. 1851. 2728
LACROIX, Paul : voir Jacob P. L., bibliophile.
LAFARGE : Heures de prison. 1854. 2733
LAGET, Paul de : Le roman d'une neurasthénique. 2743
LALANNE, Ludovic : Curiosités de l'archéologie et des beaux arts. 2758
— Curiosités bibliographiques. 1857. 2757
— Curiosités biographiques. 2760
— Curiosités littéraires. 2762
— Curiosités militaires. 2763
LAMARTINE, A. de : Cours familier de littérature. 22 vol. in-8. 2768
LAMARTINE A. de : Le foyer du peuple. 2769
— Graziella. 1860. 2770
— Le manuscrit de ma mère. 1871. .... 2770a
— Raphael. Pages de la 20e année. 1859. 2771
— Voyage en Orient. 1833. 2 vol. 2772
LAMBERT, Juliette : Grecque. 1879. 2777
— Laide. 2778

LA LANDELLE, G. : Les marins. 2784
— Mœurs maritimes. 1866. 2785
— Naufrages et sauvetages. 1867. 2786
— La vie navale. 1862. 2783
LANOYE, Henri de : Honneur et Patrie. Drame en 5 actes. 1883. 2801
LASSAILLY, Ch. : Atlas-guide de poche de l'exposition universelle. 1889. .... 2822a
LAURENT-PICHAT, L. : La païenne. 1886. 2823
LAURIE, André : Une année de collège. 1885. 2828
— Le bachelier de Séville. 2829
— Le capitaine Trafalgar. 2830
— De New-York à Brest en 7 heures. 2831
— L'héritier de Robinson. 1886. 2832
— Histoire d'un écolier hanovrien. 1886. 2833
— Mémoires d'un collégien. 2834
— Mémoires d'un collégien russe. 2835
— Séléné-Compagnie. 2 vol. 2836
— Tito le Florentin. 2837
— La vie de collège en Angleterre. 2838
LA VALLEE, Joseph : Les récits d'un vieux chasseur. 2843
LAVEDAN, Henri : Les beaux dimanches. 1898. 2850
— Petites fêtes. 1896. 2851
— Leurs sœurs. Illust. 1896. 2852
LAVERGNE, Alexandre de : Le lieutenant Robert. 2 vol. 2863
— Epouse ou mère. 2863a
— L'ut de poitrine. 1866. 2864
LAYA, Léon : Le duc Job. Comédie en 4 actes en prose. 2869
— Les pauvres d'esprit. Comédie en 3 actes. 2870
LEBLANC, Maurice : La frontière. 2882
LECOMTE, Georges : L'espoir. 1908. 2893
LECOMTE, Jules : Le luxe. Comédie en 4 actes en prose. 2898
— Le perron de Tortoni. 1863. 2899
— Les pontons anglais ou le mort vivant. 2900
LEGOUVE, Ernest : Béatrix ou la madone de l'art. 2911a
— Le père et les enfants au XIXe siècle. 2 vil. 2912
LEGRAND, Charles : Virginités. Histoire d'une comédienne. 2917
LEMAITRE, Jules : Les rois. 1894. 2918
LENNEP, J. van : La rose de Dekama. Rom. holl. 2 vol. .. 2927
LE ROUX, Hugues : Jeunes amours. 1899. 2937
— Le bilan du divorce. 1900. 2938
— L'enfer parisien. 1888. .... 2938a
— Le fils à papa. 2939
— Marins et soldats. 1892. 2941

LE ROUX, Huges : Nos fils, que feront-ils? 1897. 2939
— Nos filles, qu'en ferons-nous? 1898. 2940
— Le maître de l'heure. 1897. 2942
— O mon passé. Mémoires d'un enfant. 2942
LEROY, Louis, et REGNIER : Le chemin retrouvé. Comédie en 4 actes. 2948
L'ESTOILE, Pierre : Un scandale en Province. 2949
LESUEUR, Daniel : L'or sanglant. 1900. 2958
— La fleur de joie. 2959
— Lèvres closes. 2960
— Au delà de l'amour. 2961
— Passion slave. 1892. 2962
— Une âme de vingt ans. 2964
— Au tournant des jours. 2965
LETANG, Louis : Le lys d'or. 1900. 2967
— Marie-Madeleine. 2968
— Le roi s'ennuie. 1894. 2969
LEVER, Charles : Aventures d'Harry Lorrequer. 2 vol. 2984
LICHTENBERGER, André : La folle aventure. 2988
— Portraits de jeunes filles. 2989
— Mon petit Trott. 1898. 2990
— La petite sœur de Trott. 2991
— Biche. 2993
LIGNE, prince de : Oeuvres. 4 vol. 2996
LISZT, Franz : Des Bohémiens et de leur musique en Hongrie. 2998
LOTI, Pierre : Le désert. 3015
— Figures et choses qui passent. 3017
— La Galilée. 3017a
— Japoneries d'automne. 1889. 3018
— Le livre de la pitié et de la mort. 3019
— Madame Chrysanthème. 1893. 3019a
— Pêcheurs d'Islande. 1886. 3020
— Un pèlerin d'Angkor. 3021
— Ramuntcho. 1897. 3022
— Le roman d'un enfant. 1890. 3023
LOUVET, Ph. : Le loup des brousses. 3028
LOVIOT, Fanny : Ma captivité dans les mers de la Chine. 3033
LOZERE, Jacques : La vie en jaune. 3038
MACE, Jean : Histoire d'une bouchée de pain. Lettres à une petite fille. 1861. 3043
MAEL, Pierre : Ce que femme peut. 1897. 3048
— Coeur contre coeur. 1900. 3049
— Mer bleue. 1890. 3049a

MAEL, Pierre : L'ondine de Rhuis. 1890. .... 3049b
— Pas de dot. 1899. 3050
— Pour l'amour. 3051
— Quand on aime. 1891. 3052
— Reine-Marguerite. 3053
— Le torpilleur. 1890. 3056
MAETTERLINCK : La vie des abeilles. 3057
MAGNIN, Charles : Histoire des Marionnettes en Europe depuis l'antiquité jusqu'à nos jours. 1862. 3061
MAHALIN, Paul : Les jolies actrices. 1868. 3066
— Les barricades. 1894. 3067
— Le roi de la ligue. 1893. 3068
MAISONNEUVE, G. : Plébéienne. 1884. 3073
MAISTRE, Xavier de : Oeuvres complètes. 3078
MAIZEROY, René : L'adorée. 1897. 3083
— L'ange. 1895. .... 3083a
— En volupté. 1896. 3084
— P'tit Mi. 1889. 3085
— Petite Reine. 1888. 3086
MALLEFILLE, Félicien : Le cœur et la dot. Comédie en 5 actes en prose. 3091
— Marcel. 1859. 3092
— Monsieur Corbeau. 1859. 3093
MALOT, Hector : Une bonne affaire. 1870. 3098
— Les amours de Jacques. 1872. 3099
— Amours de vieux. 3100
— Anie. 3101
— L'auberge du monde. 4 vol. 3102
— Baccara. 1886. 3103
— Les batailles du mariage. 3 vol. 3104
— Un beau-frère. 1891. .... 3105a
— Une belle-mère. 1874. 3106
— Les besogneux. 2 vol. 1883. 3107
— La bohème tapageuse. 3 vol. 3108
— Cara. 1878. 3109
— Clotilde Martory. 1873. 3110
— Conscience. 1888. 3111
— Un curé de province. 1872. 3112
— Le docteur Claude. 1879. 2 vol. 3113
— En famille. 2 vol. Illustr. 3114
— Une femme d'argent. 1881. 3115
— La fille de la comédienne. 1875. 3116
— L'héritage d'Arthur. 3118
— Le lieutenant Bonnet. 3119

MALOT, Hector : Ghislaine. 3117
— Justice. 3118
— Madame Obernin. 1872. 3120
— Le mari de Charlotte. 1875. 3121
— Le mariage de Juliette. 3122
— Mariage riche. 3123
— Marichette. 2 vol. 1884. 3124
— Mère. 3125
— Les millions honteux. 1882. 3126
— Un miracle. 1873. 3127
— Mondaine. 3128
— Paulette. 1883. 3129
— Pompon. 3130
— Romain Kalbris. 3131
— Sans famille. 2 vol. 3132
— Le sang bleu. 3133
— Séduction. 1881. 3134
— La petite sœur. 3136
— Souvenirs d'un blessé. 2 vol. 3137
— Vices français. 3138
— La vie moderne en Angleterre. 3139
— Les victimes d'amour. 3140a
— Micheline. ....—........... 3140b
— Amour de jeunes. 3141
MAQUET, Auguste : Le beau d'Angennes. 1864. 3145
— Le comte de Lavergne. 3 vol. 3146
— Dettes de cœur. 1863. 3147
— L'envers et l'endroit. 2 vol. 3148
— La belle Gabrielle. 2 vol. 3149
— La maison du baigneur. 2 vol. 3150
— La rose blanche. 1863. 3151
— Les Vertes-Feuilles. 1862. 3152
MARBOT : Mémoires. 3 vol. 3157
MARGUERITTE, Paul : La faiblesse humaine. 3167
— Ma grande. 1891. 3168
— Simple histoire. 1895. 3169
— L'eau souterraine. 3174
— Prostituée. 1907. 3179
— Au bord du gouffre. 1914. 3181
MARMIER, Xavier : L'avare et son trésor. 1863. 3184
— Au bord de la Néva. Contes russes. 3185
— Les drames intimes. Contes russes.. 3187
— Les fiancés du Spitzberg. 1859. 3188
— Gazida. 1860. 3189

MARMIER, Xavier : Lettres sur le Nord. 1859. 3190
— Passé et présent. 1886. 3192
— Nouveaux souvenirs de voyage. 1845. 3194
— Mémoires d'un orphelin. 1865. 3191
— Les perce-neige. 3193
MARTIN, Henri : Tancrède de Rohan. 1855. 3209
MARX, Adrien : Histoire d'une minute. 3214
MARY, Jules : Pantalon rouge. 2 vol. 3219
— Le roman d'une figurante. 3220
MASSON-FORESTIER : La jambe coupée. 1894. 3230
— Pour une signature. 1895. 3231
MAUPASSANT, Guy de : Contes de la bécasse. 1883. .. 3241
— Mademoiselle Fifi. 1883. 3242
— Mont-Oriol. 3243
— Le père Milon. 1899. 3244
— Une vie. 3245
MAYNE-REID : La quarteronne. Rom. angl. trad. 3255
— La terre de feu. 1885. 3256
MAZERES, M. : La niaise. Comédie en 4 actes. 1854. 3261
MAZON, A. : Le vieux musicien. 1863. 3266
MEILHAC et HALEVY : Froufrou. Com. en 5 actes. .. 3271
— Théâtre. 7 vol. 3272
— Tricoche et Cacolet. Vaudeville en 5 actes. 3273
MELEGARI, Dora : Ames dormantes. 3283
MEMOIRES : Mémoires d'une biche anglaise. 1864. .. 3288
— Mémoires de Canles, ancien chef de sûreté. 3293
— Mémoires de Thérésa. 1865. 3295
MENDES, Catulle : Jupe courte. 1885. 3298
MERIMEE, Prosper : Chronique du règne de Charles IX... 3299
— Colomba. 3300
— Les cosaques d'autrefois. 1865. 3301
— Lettres à Monsieur Panizzi. 1850—1870. 3302
MEROUVEL, Charles : Le divorce de la comtesse. 3307
— La fille sans nom. 1892. 3308
— Haine et amour. 1891. 3309
— Monsieur le marquis. 1888. 3310
— Rochenoire. 2 vol. 3311
— La roche sanglante. 2 vol. 3312
— La veuve aux cent millions. 2 vol. 3313
— Les Frégault. 2 vol. 3314

Vol. 1 : Les Frégault.

Vol. 2 : Andrée et Séraphine.

MERY : Les deux amazones. 3323
— Les amours des bords du Rhin. 1864. 3325

MERY : Le château des Trois-Tours. 1860. 3326
— Le château vert. 3327
— Une conspiration au Louvre. 1860. 3328
— La Florida. 3329
— La guerre du Nizam. 3330
— Héva. 1861. 3331
— Une histoire de famille. 1865. 3332
— Les journées de Titus. 3334
— Un mariage de Paris. 3335
— Monsieur Auguste. 3336
— Les mystères d'un château. 3337
— Les nuits espagnoles. 3338
— Les nuits italiennes. Contes nocturnes. 3339
— Les nuits d'Orient. 3340
— Les nuits parisiennes. 1860. 3341
— Le paradis terrestre. 1860. 3341
— Salons et souterrains de Paris. 3343
— Trafalgar. 1865. 3344
— Ursule. 1864. 3345
— La vie fantastique. 3346
MEURICE, Paul : Le songe de l'amour. 3356
— Les tyrans de village. 1857. 3357
MICHELET, J. : Bible de l'humanité. 3362
— Nos fils. 1870. 3363
— Ma jeunesse. 1884. 3365
— L'insecte. 3364
— La mer. 1861. 3367
— La montagne. 3368
— L'oiseau. 3369
— Le prêtre, la femme et la famille. 3371
— La sorcière. 3372
MILLE, Pierre : Barnavaux et quelques femmes. 3382
MIRABEAU, comtesse de : L'impératrice Wanda. 1885... 3387
MIRBEAU, Octave : Les vingt-et-un jours d'un neurasthénique. 1904. 3392
— La 628. 1908. 3393
MOLENES, Paul de : Histoires sentimentales et militaires. 3409
— Mémoires d'un gentilhomme du siècle dernier. 1858. 3410
MOLERI : La traite des blanches. 3415
MONNIER, Henri : Mémoires de M. Joseph Prud'homme. 3420
— Les amours permis. 1861. 3421
— Un aventurier italien du siècle dernier. 3422
— Un détraqué. Roman expérimental. 3423

MONSELET, Charles : François Soleil. 3428
— Jean de la Réole. 3429
— Les originaux du siècle dernier. 3430
MONTEGUT, Maurice : Le roi sans trône. 1908. 3442
MONTEPIN, Xavier de : Les deux Alice. 4 vol. 3446
— Les débuts d'une étoile. 3447
— Les dessous de Paris. 6 vol. 3448
— Les drames de l'épée. 6 vol. 3449
— La joueuse d'orgue. 4 vol. 3450a
— Le gros lot. 3 vol. 3451
— Madame de Trèves. 2 vol. 3452
— La maîtresse du mari. 1876. 3453
— Marâtre. 6 vol. 3454
— Le mariage de Lascars. 2 vol. 3455
— La mendiante de Saint-Sulpice. 4 vol. 3456
— Trois millions de dot. 2 vol. 1891. 3457
— Les pirates de la Seine. 2 vol. 1889. 3458
— La belle Angèle. 2 vol. 1885. 3459
— Rigole. 2 vol. 1886. .... 3459a
— Les yeux d'Emma-Rose. 2 vol. 3459b
— Le testament rouge. 6 vol. 3460
— La voyante. 4 vol. 3461
MORAND, Paul : Ouvert la nuit 3467
MONTIFAUD, Marc de : Madame Ducroisy. 1879. 3466
MORET, Eugène : L'orpheline de Saint-Lazare. 1886. .. 3478
MORNAND, Félix : Bernerette. 3483
MOUTON, Eugène : Voyages et aventures du capitaine Marius Cougourdan. 3488
MULLER, Paul : La Révolution de 1848 en Alsace. 3489
MULOCH : John Halifax gentleman, 2 vol. 1863. 3498
MURET, Maurice : L'évolution belliqueuse de Guillaume II. 1920. 3499
— L'orgueil allemand. 1915. 3500
MURGER, Henry : Les buveurs d'eau. 1859. 3503
— Dona Sirène. 1875. .... 3503a
— Madame Olympe. 1860. 3504
— Le pays latin. 1860. 3505
— Propos de ville et de théâtre. 3506
— Le dernier rendez-vous. 1860. 3507
— Le roman du capucin. 3507a
— Le roman de toutes les femmes. 3508
— Les roueries de l'ingénue. 1875. .... 3508a
— Le sabot rouge. 3509
— Scènes de campagne. 1859. 3510

MURGER, Henry : Scènes de la vie de bohème. 3511
— Scènes de la vie de jeunesse. 1868. 3512
— Les vacances de Camille. 1874. 3513
MUSSET, Alfred de : Comédies et proverbes. 2 vol. 3518
MUSSET, Paul de : Les femmes de la Régence. 3524
— La chèvre jaune. 3523
— Le maître inconnu. 2 vol. 1882. 3525
— Puylaurens. 3526
NADAUD : Une idylle. 1861. 3531
NARJOUX, Félix : Monsieur le député de Chavone. 1885. 3537
— Monsieur le préfet des Hauts-Monts. 3538
NAST, Marcel : Le malaise alsacien-lorrain. 3539
NERVAL, Gérard de : La Bohème galante. 1857. 3543
— Les filles du feu. 3544
— Les illuminées. Les faux Saulniers. 1868. 3545
— Souvenirs d'Allemagne. 1860. 3546
— Voyage en Orient. 1860. 3547
NEWILL, Charles : Nouveaux contes excentriques. 1859. .. 3557
NIOX, Lieutenant : Mes six évasions. 3558
NIVELLE, Jean de, voir Canivet Charles.
NODIER, Charles : Contes de la veillée. 1860. 3562
— Nouvelles. 3563
— Souvenirs de jeunesse. 3564
NOEL, Edouard : Les fiancés de Thermidor. 1882. 3566
NORIAC, Jules : Les bêtises humaines. 3569
— Le capitaine sauvage. 3570
— Les gens de Paris. 1867. 3571
— Le grain de sable. 3572
— La maison verte. 1871. 3573
— Le 101e régiment. 1860. 3574
— Sur le rail. 1863. 3575
NORMAND, Jacques : Contes à Madame. 1890. 3580
OETTINGER, E.-M., Mlle Mars et sa sœur. 2 vol. 3590
OHNET, Georges : L'âme de Pierre. 1890. 3595
— Au fond du gouffre. 3603
— Le crépuscule. 1902. 3597
— La comtesse Sarah. 1883. 3596
— Le curé de Favières. 1897. 3598
— La dame en gris. 1895. 3599
— Les dames de Croix-Mort. 1893. 3600
— Le docteur Rameau. 3601
— Le droit de l'enfant. 1894. 3602
— Gens de la noce. 1900. 3604
— Lise Fleuron. 1884. 3605

OHNET, Georges : Le maître de forges. 1884. 3606
— La grande marnière. 1885. 3607
— Le lendemain des amours. 1893. 3608
— Noir et rose. 3609
— L'inutile richesse. 1896. 3610
— Le roi de Paris. 3611
— Serge Panine. 1896. 3612
— La ténébreuse. 1901. 3613
— Volonté. 3614
OLGA, Princesse : La vie galante en Russie. 3618
OLLIVIER, Emile : Marie-Madeleine. 3624
O'MONROY, Richard : A grandes guides. 1885. 3629
— A la hussarde. 1884. 3630
— L'automne du cœur. 3631
— Brochettes de coeur. 3632
— La brune et la blonde. 3633
— Coups de soleil. 1882. 3634
— La foire aux caprices par le vicomte Richard. .. 3635
— Les petites Manchaballe. 1893. 3636
— Dix minutes d'arrêt. 1897. 3637
— Monsieur Mars et Madame Vénus. 1881. 3638
— Les propos de Madame Manchaballe. 1896. 3639
— Tambour battant. 3640
O'RELL, Max : Les chers voisins. 3641
OUIDA : Le chemin de la gloire. 1888. 3653
— Cigarette. Cantinière aux zouaves. 2 vol. 3654
— Le colonel Sabretache. 2 vol. 3655
— Le dernier des Clarencieux. 2 vol. 3656
— Fille du diable. 2 vol. 3657
— La filleule des fées. 2 vol. 3658
— Les Napraxine. 1886. 2 vol. 3659
— La princesse Zouroff. 3660
— Wanda. Roman anglais. 2 vol. 3661
— Syrlin. 2 vol. 1891. 3662
OURLIAC, Edouard : Les ganaches. Brigitte. Le souverain de Kazakaba. 1858. 3667
PAILLERON, Edouard : Cabotine. Comédie en 4 actes. 1894. 3672
— L'étincelle. Comédie en 4 actes. 1886. 3673
— Les faux ménages. 3674
— Le monde où l'on s'amuse. Comédie en 1 acte. 3675
— Le monde où l'on s'ennuie. Com. en 4 actes. 3676
— La souris. Com. en 3 actes. 3677
PALLU, Léopold : Les gens de la mer. 1860. 3686

PARFAIT, Paul : Croquis parisiens. 3696
— Petit Pierre. 3697
— La seconde vie de Marius Robert. 3698
PESCHIER : Wörterbuch der französischen und der deutschen Sprache. 2. vol. 1443
PAUL, Adrien : Un anglais amoureux. 1861. 3719
PAVIE, Théodore : Récits de terre et de mer. 1860. 3724
PELLETAN, Eugène : Le monde marche. 3729
PENE, H. de : Paris intime. 3734
— Née Michon. 3735
PEROCHON, Ernest : Nêne. 1921. 3736
— Les creux-de-maison. 1922. 3737
— La parcelle 32. 3738
PESQUIDOUX, Joseph de : Ceux de la glèbe. 3739
PEYREBRUNE, Georges de : Mademoiselle de Trémor. 1885. 3740
PEZARD : Nous autres à Vauquois. 1920. 3741
PFISTER, Chr. : Comment et pourquoi l'Alsace s'est donnée à la France. 3747
— Comment et pourquoi la République de Mulhouse s'est donnée à la France. 3748
PICHOT, Amédée : L'écolier de Walter Scott. 1860. 3751
— Les poètes amoureux. 3752
PIERRET, Emile : Les illusions du cœur. 3757
PLESSIS, Frédéric : Angèles de Blindes. 1897. 3764
POE, Edgar : Aventures d'Arthur Gordon Pym. 3772
— Histoires extraordinaires. 3773
POITOU, Eugène : Portraits littéraires et philosophiques. 3778
— Du roman et du théâtre contemporains. 3779
PONT-JEST, René de : Le cas du docteur Plemen. 1887. 3784
POMMEROL, Jean : Un fruit et puis un autre fruit. 3794
PONROY, Arthur : Le roi des cent rois. Le monde gallo-romain. 3799
PONSARD, François : Galilée. Drame en 3 actes en vers. .. 3804
— L'honneur et l'argent. Com. 5 actes. 3805
— Le lion amoureux. 1866. 3806
PONTMARTIN, de : Entre chien et loup. 1866. 3811
— La fin du procès. 1856. 3812
— Les jeudis de Madame Charbonneau. 3813
— Mes mémoires. 2 vol. 3814
— Souvenirs d'un vieux critique. 1886. 3815
— Les traqueurs de dot. 1870. 3820
PORADOWSKA, Marie : Demoiselle Micia. 1889. 3825
POURVILLION, Emile : Chante-Pleure. 1890. 3835
PREVOST, Marcel : Les demi-vierges. 1894. 2 vol. 3842a

PREVOST, Marcel : L'automne d'une femme.	3840
— La confession d'un amant. 1891.	3841
— Féminités. 1890.	3843
— Notre compagne.	3843b
— Nouvelles féminités.	3844
— Le jardin secret. 1897.	3845
— Lettres à Françoise maman. 1912.	3845a
— Monsieur et Madame Moloch.	3846
— Le pas relevé. 1912.	3847
— Le scorpion.	3847a
— Les vierges fortes. 2 vol.	3848
— La fausse Bourgeoise.	3849
PROBUS : La plus grande France. 1916.	3856
PSICHARI, Ernest : L'apel des armes. 1912.	3868
PSICHARI, P. : Le Solitaire du Pacifique.	3869
QUATRELLES : L'arc en ciel.	3878
— Un Parisien dans les Antilles. 1883.	3881
RABOU, Charles : Les tribulations et métamorphoses posthumes de maître Fabricius. 1860.	3894
RABUSSON, Henry : Mon capitaine. 1888.	3899
— Idylle et drame de salon. 1890.	3900
— L'épousée. 1889.	3901
— Bon garçon. Mœurs de la société contemporaine.	3902
contemporaine.	3902
— Hallali! 1891.	3903
— L'illusion de Florestan. 1889.	3904
— Le mari de Mme Orgeraut. 1888.	3905
— Moderne. 1891.	3906
— Monsieur Cotillon. 1894.	3907
— Préjugé. 1894.	3908
RAGOT, Adolphe : Le plan d'Hélène. 1881.	3913
RAOUSSET-BOULBON : Une conversion. 1857.	3933
RATISBONNE, Louis : Auteurs et livres.	3938
REBOUX-MULLER : A la manière de. 2 vol. 1920.	3939
REIBER, Ferdinand : Etudes gambrinales. 1882.	3598
ROUPNEL, Gaston : Nono.	3943
REYBAUD, Charles : Le cabaret de Gaubert. 1858.	4002
— Clémentine. 1861.	4003
— Espagnoles et Françaises. 1863.	4003a
— Les deux Marguerite. 1867.	4004
— Ce qu'on peut voir dans une rue.	4006
— César Falempin. 1861.	4007
— La comtesse de Mauléon. 1859.	4008
— Le dernier des commis voyageurs.	4008a

REYBAUD, Charles : Edouard Mangeron. 1860. 4009
— Jérôme Paturot à la recherche d'une position sociale. 4010
— Jérôme Paturot à la recherche de la meill. républ. 4011
— Marins et voyages. 4012
— Romans. 1858. 4013
— La vie à rebours. 1860. 4014
RICARD, J. : Contes d'après-midi. 1893. 4023
RICHEBOURG, Emile : Les amoureuses de Paris. 2 vol. .. 4032
— La comtesse Paul. 3 vol. 4033
— La grand'mère. 3 vol. 4034
— Les hontes de l'amour. 4035
— Une haine de femme. 4036
— Petite mère. 2 vol. 4037
— Les barbes grises. 4038
— Césarine. 1888. 4048
RICHEPIN, Jean : Braves gens. 4049
— Nana Sahib. Drame en vers en 7 tableaux. 4051
— La glu. Drame en 5 actes et 6 tableaux. 4050
— Quatre petits romans. 4052
RIGAULT, Hippolyte : Conversations littéraires et morales. 4057
RIVAL, Jean : Chroniqueuse. 4058
RIVIERE, Jacques : L'Allemand. 4064
— La main coupée. 1862. 4066
Le roman de deux jeunes filles. 4067
ROBERT, Adrien : La princesse Sophie. 4071
ROBERT, Clémence : Le moine noir. 2 vol. 4075
ROBIDA, A. : Le vrai sexe faible. 4085
— Le vingtième siècle. 4086
ROCHEFORT, Henri : La grande bohème. 1886. 4091
— Les Français de la décadence. 1885. 4090
— Les signes du temps. 1886. 4092
ROD, Edouard : Le pasteur pauvre. 1911. 4096
— Les roches blanches. 1895. 4097
— L'ombre s'étend sur la montagne. 4098
RODENBACH, Georges : Bruges-la-morte. 4082
ROLLAND, Romain : Jean-Christophe. 4 vol. .... 4087—90
— Jean-Christophe à Paris. 3 vol. .... 4091—93
— Musiciens d'aujourd'hui. 1908. 4095
— Vie de Michel-Ange. 4096
ROQUEPLAN, Nestor : Parisine. 4099
— Regain. La vie parisienne. 4100
ROSNY, J.-H. : Une rupture. 4105
ROSTAND, Edmond : L'aiglon. 1900. 4106
ROSTAND, Maurice : Le pilori. 4107

ROUSLANE : La faute de la comtesse. 4112
SAINT-FELIX, Jules de : Les nuits de Rome. 4154
SAINT-PAUL, Lyas : Ayora. Roman océanien. 1893. 4162
SAINT-HILAIRE : Jean de Kerdren. 1887. 4166
SAINTINE, X.-B. : Contes de toutes les couleurs. 1861. 4183
— Jonathan le visionnaire. 1866. 4184
— Picciola. 1868. 4183
SALES, Pierre : Le diamant noir. 1891. 4193
— Le ruban rouge. 2 vol. 4195
Vol. 1 : L'honneur du mari.
Vol. 2 : Le rachat de la femme.
— Sacrifiée. 1891. 4196
— Pierre Sandrac. 1891. 4197
— Le sergent Renaud. 1890. 4198
— L'Américaine. 1890. 4199
— Une vipère. 1889. 4200
— Orphelines. 1889. 4201
— Viviane de Montmoran. 4203
— Marquis de Trevenec. 4204
SAND, Georges : La dernière Aldini. 1857. 4214
— André. 1856. 4215
— Antonia. 1863. 4216
— Le compagnon du tour de France. 4217
— La comtesse de Rudolstadt. 2 vol. 4218a
— La comtesse de Rudolstadt : Théâtre. 4218
— Constance Verrier. 1863. 4219
— Consuelo. 3 vol. 4220
— Les dames vertes. 4220a
— La Daniella. 2 vol. 4221
— La petite Fadette. 1857. 4222
— La famille de Germandre. 1862. 4223
— François le Champi. 1858. 4224
— Histoire de ma vie. 1876. 4 vol. 4225
— Journal d'un voyageur pendant la guerre. 1871. . . 4226
— Laura. Voyages et impressions. 4227
— Le beau Laurence. 1870. 4228
— Mlle la Quintinie. 4229
— Les maîtres mosaïstes. 1861. 4230
— La mare au diable. 4231
— Le marquis de Villemer. 1864. 4232
— Mauprat. 1862. 4233
— Les beaux messieurs de Bois-Doré. 2 vol. 4234
— Le meunier d'Angibault. 4235
— Mont Revêche. 4236

SAND, Georges : Dernières pages. 4236
— Le péché de Monsieur Antoine. 2 vol. 4237
— Souvenirs et impressions littéraires. 4238
— Uscoque. 1862. 4239
— Valvèdre. 1862. 4240
SAND Maurice : Raoul de La Chastre. 1865. 4245
SANDEAU, Jules : Un début dans la magistrature. 4250
— Le docteur Herbeau. 4251
— Jean de Thommeray. 1882. 4253
— Madame de Sommerville. 1860. 4254
— Madeleine. 4255
— Mademoiselle de la Seiglière. 1860. 4256
— Marianna. 1860. 4257
— Nouvelles. 4258
— La roche aux mouettes. 4259
— Sacs et parchemins. 1859. 4260
— Valcreuse. 1860. 4261
SARCEY, Francisque : Etienne Moret. 1876. 4271
SARDOU, Victorien : Daniel Rochat. 4276
— Les femmes fortes. Comédie en 3 actes. 4277
— Fernande. Pièce en 4 actes. 1870. 4278
— Les vieux garçons. 1865. 4279
— La haine. Drame en 5 actes. 1875. .... 4279a.
— Nos intimes. Comédie en 4 actes. 4280
— Patrie. Drame historique en 5 actes. 4 tabl. .... 4280a.
— Rabagas. Comédie en 5 actes. 4281
— Séraphine. Comédie en 5 actes. 4282
— Nos bons villageois. Comédie en 5 actes. 4283
— Divorçons ! Comédie en 3 actes. 4288
— La famille Benoiton. 4289
SAUNIERE, Paul : La belle Argentine. 2 vol. 4293
— Le capitaine Marius. 1882. 4294
— La capote rose. 1880. 4295
— Le chevalier Tempête. 1887. 4296
— Dette d'honneur. 4297
— Les écumeurs de rivières. 4298
— Une fille des pharaons. 1889. 4299
— Flamberge. 2 vol. 4300
— Les jouisseurs. 1883. 4301
— Mad. Rabat-Joie. 4302
— Mamzell' Rossignol. 2 vol. 4303
— La petite Marquise. 1883. 4304
— La meunière de Moulin-Galant. 2 vol. 4305
— Monseigneur. 4306

SAUNIERE, Paul : La mère Michel. 2 vol. 4307
— Papa la Gratte. 4309
— Le père Brasero. 4310
— La recluse de Montfleury. 4311
— Le roi Misère. 1868. 4312
— Le secret de la roche noire. 4313
— Le secret d'or. 4314
— La succession de Marignan. 4315
— Le beau Sylvain. 2 vol. .... 4316.
SCHAEFFER, Adolphe : Histoire d'un homme heureux. .. 4336
SCHILLER, Friedrich : Don Carlos. Traduit en vers franç. 4341
SCHNEIDER, Louis : Eau bénite de cour et jardin. 4351
SCHOLL, Aurélien : Aventures romanesques. 4356
— La dame des Palmiers. 4357
— Les gens tarés. 1865. 4358
SCHULTZ, Jeanne : Les fiançailles de Gabrielle. 4364
— La neuvaine de Colette. 1888. 4365
SCHURE, Edouard : Histoire du drame musical. 1907. .. 4370
— L'évolution divine du Sphinx au Christ. 4372
SCRIBE, Eugène : Historiettes et proverbes. 4376
— Noélie. 4377
— Nouvelles. 4378
— Théâtre. .... 4378 a et b
— Piquillo Alliaga ou les Maures sous Philippe III.
3 vol. 4379
— Oeuvres complètes. 26 vol. 2 séries. 4380
— Les trois Maupin ou la veille de la Régence.
Comédie en 5 actes en prose. 4384
— Les doigts de fée. Comédie en 5 actes. 4385
— La fille de trente ans. Comédie en 4 actes. 4390
— Feu Lionel, ou qui vivra, verra. 4395
SEGALAIS, Anaïs : Les mystères de la maison. Dans
Honoré : Le roman d'une jeune fille. 2486
SOLLOHOUB : La pharmacienne. Marmier : Au bord de
la Néwa. ....
SECHAN, Ch. : Souvenirs d'un homme de théâtre. 1883. 4400
SECOND, Albéric : A quoi tient l'amour. 4405
— Contes sans prétentions. 4406
SEE, Edmond : Un cousin d'Alsace. 4409
SEILLIERE, E. A. : Au pied du Donon. Scènes de mœurs
vosgiennes. 4411
SEGUR, Marquis de : Marie-Antoinette. 4413
SEGUR, Victor : La tireuse de cartes. Drame en 5 actes. 4422

SERRET, Ernest : Que dira le monde. Comédie en 5 actes. 4432
— Les coudées franches. 1863. 4433
SHAKESPEARE, William : Othello. Drame, trad. de L. Grammont. 4438
SIENKIEWICZ, Henri : En vain. Trad. de Lefèvre. .. 4448
— Quo vadis. Trad. de Kozakiewicz. 4449
SIGAUX, Jean : Un second mariage. 4460
SILVESTRE, Armand : Contes nouveaux. 4465
SIRVEN, A. et SIEGEL : Le petit fils de d'Artagnan. 1899. 4481
— Le drame au palais rouge. 4482
SOULAINE, Pierre : La rue de la Paix. 4483
SOUVESTRE, Emile : Au bord du lac. 4497
— Au coin du feu. 4498
— Chronique de la mer. 4499
— Les clairières. 4500
— Confessions d'un ouvrier. 1857 4501
— Contes et nouvelles. 4502
— Dans la prairie. 1856. .... 4502a
— L'échelle des femmes. 1857. 4503
— En famille. 1859. 4504
— En quarantaine. 4505
— Le foyer breton. 2 vol. 4506
— La goutte d'eau. 4507
— La lune de miel. 1861. 4508
— Le mari de la fermière. 4509
— Le mât de cocagne. 1859. 4510
— Le mendiant de Saint-Roch. 4511
— Le mémorial de famille. 4512
— Deux misères. 4512a
— Le monde tel qu'il sera. 4512b
— Les derniers paysans. 4513
— Les péchés de jeunesse. 4514
— Pierre et Jean. 4515
— Les promenades matinales. 4516
— Récits et souvenirs. 4517
— Les réprouvés et les élus. 4518
— Histoires d'autrefois. 4519
— L'homme et l'argent. 4520
— Scènes de la chouannerie. 1854. 4521
— Scènes et récits des Alpes. 4522
— Scènes de la vie intime. 4523
— Sous les filets. 4524
— Sous la tonnelle. 4525

SOUVESTRE, Emile : Sous les ombrages. 4526
— Sur la pelouse. 4527
— Souvenirs d'un Bas-Breton. 2 vol. 4529
— Souvenirs d'un vieillard. 4530
— La valise noire. 1865. 4531
SPITTELER, Carl : Gustave. Collection helvétique. 4542
STAHL, P. J. : Les bonnes fortunes parisiennes. 2 vol. 4556a
— Histoire d'un homme enrhumé et d'autres. 4558
— Morale familière. 4559
— Voyage d'un étudiant et ses suites variées. 1864. 4560
STANDISH, Cecil : Nièvès. 1891. 4565
STENNE, Georges : Perle. 4575
STINDE, Julius : La famille Buchholtz. Trad. all. 4590
SUDERMANN, Hermann : La femme en gris. 1895. .. 4610
— Le souhait. 1896. 4611
SUE, Eugène : L'alouette du casque, ou Victoria, la mère des camps. 4616
— La clochette d'airain. 4617
— La faucille d'or. La croix d'argent. 4618
— Gilbert et Gilberte. 3 vol. 5619
— Jeanne d'Arc, la pucelle d'Orléans. 4620
— Le Morne-au-diable. 1865. 4621
— Les Mystères de Paris. 4 vol. 4622
— Les sept péchés capitaux. 6 vol. 4623
— Les secrets de l'oreiller. 4624
SUEUR, Albert : Crise de jeunesse. 4629
SUMMER, Mary : Aventures d'une femme galante au 18e siècle. 4638
— La pensionnaire d'Ecouen. 1892. 4635
— Un scandale d'hier. Mœurs contemporaines. 4636
TASSET, André : Voyages en France à la recherche de la santé. 4583
TARBE, Edmond : Le roman d'un crime. 1887. 4648
TEXIER, E. : Les mémoires de Cendrillon. 1879. 4658
THACKEREY, M., W. : La foire aux vanités. 4663
— Le livre des snobs. 4664
— Mémoires de Barry Lyndon du royaume d'Irlande. 1876. 4665
— Histoire de Pendennis. 4666
— Les mémoires d'un valet de pied. 4667
THARAUD, Jérôme-Jean : La Randonnée de Samba Diou. 4668
THEVENIN, René : Barnabé Tignol et sa baleine. 4669
THEURIET, André : Amour d'automne. 1888. 4671
— Boisfleury. 1897. 4672

THEURIET, André : La chanoinesse. 4673
— Charme dangereux. 1891. 4674
— Cœurs meurtris. 1896. 4675
— Fleurs de Nice. 4675a
— Gertrude et Véronique. 1888. 4676
— Madame Heurteloup. 1862. 4677
— Mademoiselle Roche. 4678
— Michel Verneuil. 4679
— L'oncle Scipion. 4680
— Paternité. 4681
— Reine des bois. 1891. 4682
— Sauvageonne. 1907. 4683
— Deux sœurs. 1889. 4684
— Surprises d'amour. 1893. 4685
TINAYRE, Marcelle : La maison du péché. 4710
— La rançon. 1907. 4711
TINSEAU, Léon de : Alain de Kérisel. 1889. 4716
— Bouche close. 4717a
— Bien folle est qui s'y fie. 1896. 4717
— Ma cousine Pot-au-feu. 4718
— Dette oubliée. 1895. .... 4718a
— Faut-il aimer ? 4720
— Mensonge blanc. 1900. 4721
— Mon oncle Alcide. 4722
— La meilleure part. 4723
— Strass et diamant. 4725
— Sur le seuil. 4726
— Vers l'idéal. 1896. 4726
— Maître Gratien. 1893. 4727
— Un nid dans les ruines. 4728
TISSOT, Victor : L'Allemagne amoureuse. 1884. 4741
— Les aventures du Gaspard von der Gomme. 2 vol. 1897. 4748
TOEPFFER, Rodolphe : Nouvelles génevoises. 1861. 4758
— Rosa et Gertrude. 1855. 4759
TOLSTOI, Léon : Résurrection. Trad. russe. 2 vol. 4764
— La guerre et la paix. 3 vol. 1912. 4767
TOURGUENEF, Ivan : Fumée. 1868. 4771
— Mémoires d'un seigneur russe. 1855. 4772
— Nouvelles scènes de la vie russe. 4774
— Nouvelles moscovites. 4773
TOUDOUZE, Gustave : Péri en mer. 1890. 4766
TREVIERES, Pierre de : Le roman d'un chasseur d'Afrique 4791
TROUESSART, C. : Cœur fermé. 1893. 4805

TROUESSART, C. : Un rêve à deux. 1890. 4806
UCHARD, Marie : Antoinette ma cousine. 1891. 4811
— La buveuse de perles. 1882. 4816
— La fiamina. Com. en 4 actes. 4817
— Jean de Chazol. 1869. 4818
— Joconde Berthier. 1886. 4819
— Le retour du mari. 4820
ULBACH, Louis : L'amour moderne. 1886. 4824
— Quinze ans de bagne. 4825
— Autour de l'amour. 4826
— Les belles et les bêtes. 4827a
— Aventures de trois grandes dames de la cour de Vienne. 3 vol. 4827
— Les buveurs de poison. 2 vol. 4829
— Bobinette. 1889. 4828
— Françoise. 4828a
— Causeries du dimanche. 4830
— Le château des épines. 4831
— La confession d'un abbé. 4833
— Nos contemporains. 4834
— Le crime de Martial. 1880. 4835
— La fleuriotte. 2 vol. 4836
— L'homme au gardénia. 2 vol. 4837
— Lettres d'une honnête femme. 4838
— Louise Tardy. 4839
— Les compagnons du lion dormant. 2 vol. ....
— La maîtresse du général. 4840
— Le mari d'Antoinette. 4841
— Le mariage de Pouchkine. 4842
— Le marteau d'acier. 4843
— Mémoires d'un inconnu. 4848
— Monsieur Paupe. 4845
— Papa Fortin. 1886. 4846
— Pauline Faucault. 4847
— Réparation. 1880. 4848
— Le sacrifice d'Aurélie. 1882. .... 4849a
— Suzanne Duchemin. 1881. 4850
— Le tapis vert. 1880. 4851
VAQUERIE, Auguste : Les miettes de l'histoire. 4856
— Théâtre complet. 2 vol. 4857
VALLEE, Oscar de : Les manieurs d'argent. 1857. 4870
VALLERY-RADOT, René : L'étudiant d'aujourd'hui. 4872
— Journal d'un volontaire d'un an. 2 vol. 4873a
— M. Pasteur, histoire d'un savant par un ignorant. 1883. 4874

VALLOTTON, Benjamin : Ce qu'en pense Potterat. 1920. 4875
— On changerait plutôt le cœur de place. 1919. 4876
— Les loups. 1919. 4877
— A tâtons. 4878
— Patience. 4879
VALOIS, Charles : Le docteur André. 1885. 4885
— Maurice Duhamel. 4886
VAST-RICOUARD : La haute pègre. 1881. 4891
VERNE, Jules : Deux ans de vacances. 1888. 4900
— Les Anglais au pôle nord. 4901
— L'archipel en feu. 4902
— Aventures de 3 Russes et de 3 Anglais. 4904
— Mirifiques aventures de maître Antifer. 4906
— Le billet de loterie. 4907
— Un capitaine de 15 ans. 2 vol. 4908
— César Cascabel. 2 vol. 4909
— Le Chancellor. 4910
— Le château des Carpathes. 4911
— Le chemin de France. 4912
— Claudius Bombarnac. 4913
— Clovis Dardentor. 4914
— Découverte de la terre. 4915
— De la terre à la lune. 2 vol. 4916a
— Le désert de glace. 4917
— Le docteur Ox. 4918
— L'école des Robinsons. 4919
— Les enfants du capitaine Grant. 3 vol. 4920
— L'étoile du Sud. 4921
— Face au drapeau. 4922
— Famille-sans-nom. 2 vol. 4923
— Hector Servadac. 2 vol. 4924
— L'île à hélice. 2 vol. 4925
— Les Indes noires. 4926
— Les cinq cents millions de la Bégume. 4927
— L'île mystérieuse. 3 vol. 4928
— La Jangada. Huit cents lieues sur l'Amazone. 2 vol. 4929
— Kéraban le têtu. 2 vol. 4930
— Vingt mille lieues sous les mers. 2 vol. 4931
— La maison à vapeur. 2 vol. 4932
— Mathias Sandorf. 3 vol. 4933
— Michel Strogoff. 4935
— Mistress Branican. 2 vol. 4936
— Les grands navigateurs du 18e siècle. 4937
— Nord contre Sud. 2 vol. 4938

VERNE, Jules : Le superbe Orénoque. 2 vol. 4939
— Le pays de fourrures. 2 vol. 4940
— P'tit-bonhomme. 2 vol. 4941
— Le rayon vert. 4942
— Robur le conquérant. 4943
— Cinq semaines en ballon. 4944
— Le sphinx de glace. 2 vol. 4945
— Le tour du monde en 80 jours. 4946
— Les tribulations d'un Chinois en Chine. 4947
— Une ville flottante. 4948
— Voyage au centre de la terre. 4949
— L'épave du Cynthia. 1886. 4955
VERON, Pierre : Les araignées de mon plafond. 5016
— La boutique à treize. 5017
— Les gens de théâtre. 5018
— Les mangeurs d'homme. 5019
— Les ombres chinoises. 5020
— Paris s'amuse. 5021
VEUILLOT, Louis : Les odeurs de Paris. 5031
VIGNON, Claude : Une Parisienne. 1882. 5046
VIGNY, Alfred de : Servitude et grandeur militaire. 5051
— Cinq Mars. 5052
VILLARS, Meg : Les imprudences de Peggy. 5056
VILLEMAIN, Ch. : François Auguste de Châteaubriand. 5061
VIGNES-ROUGES, Jean des : Bourru, soldat de Vauquois. 1919. 5062
— L'âme des chefs. 1918. 5063
VIGNE D'OCTON, P. : Cœur de savant. 1897. 5066
VILLEMESSANT, H. de : Mémoires d'un journaliste. 1867. 5071
VINCENT, Jacques : Vaillante. Ce que femme veut. 1887. 5076
VIOUX, Marcelle : Une repentie. Marie-Madeleine. 1922. 5082
VIOLETTE, Marcelle : Violette. Trad. angl. 5086
VOGUE, E. : Jean d'Agrève. 1897. 5091
— Les morts qui parlent. 5092
VONLIARLIASKI, Alexandrowitsch : Une grande dame russe. Trad. russe. 5096
WAILLY, Léon de : Les deux filles de Monsieur Dubreuil. 2 vol. 5101
Stella et Vanessa. 1855. 5102
WAREE, B. : Curiosités judiciaires, historiques et anecdotiques. 5111
WARREN, Whitney : Le témoignage d'un citoyen américain. 5117
WEILL, Alexandre : Histoire de village. 1860. 5121
WEISS, J.-J. : Essais sur l'histoire de la littérature française. 5127

HISTOIRE

BOURGOING, Paul de : Souvenirs d'histoire contemporaine. 1864. 769
BOUZET, Charles du : La jeunesse de Catherine II. 1860. 799
BUSSY, Ch. de : Les régicides. Etude historique. 1858. 890
CANONGE, Frédéric : Histoire militaire contemporaine. (1854—71). 908
CANTREL, Emile : Nouvelles à la main sur la comtesse Du Barry. 913
CARETTE, Madame de : Souvenirs intimes de la cour des Tuileries. 3 vol. 1891. 918
CASTELLANE, maréchal de : Journal 1804—1862. 5 vol. 951
CELLINI, Benvenuto : Mémoires. 969
CHAMPAGNY, Franz de : Rome et la Judée au temps de la chute de Néron. (ans 66—72 après Jésus-Christ). 993
CHANZY : La deuxième armée de la Loire. 1871. 1027
CHARRAS : Waterloo. 2 vol. (Le 3e manque). 1048
CHERUEL, A. : Mémoires sur la vie publique et privée de Nicolas Fouquet. 1862. 1103
CLARETIE, Jules : L'Empire, les Banapartes et la cour. 1871. 1134
— Les derniers montagnards. Histoire de l'insurrection de prairial an III. (1793). 1868. 1139
CLAUDE : Mémoires de Monsieur Claude, chef de la police de sûreté sous le Second Empire. 10 vol. 1150
CLEMENT, Pierre : Madame de Montespan et Louis XIV. 1868. 1161
— La police sous Louis XIV. 1866. 1162
CLEMENCEAU : La France devant l'Allemagne. 1918... 1163
COHEN, J. : Etudes sur l'empire d'Allemagne. 1879. 1166
COIGNET, Capitaine : Les cahiers du capitaine Coignet.
COLBERT CHABANAIS, marquis de : Traditions et souvenirs touchant le temps et la vie du général Auguste Colbert. 3 vol. 1171
COMBES, Louis : Episodes et curiosités révolutionaires. .. 1204
COMMANDANT Z. : Pas encore! Réponse à « Avant la bataille ». 1886. 1190
CONSTANT, L. : Le duc d'Enghien. 1869 1241
COSTA de BEAUREGARD : Un homme d'autrefois. 1878. 1272
COUSIN, Victor : Jacqueline Pascal. Premières études sur les femmes illustres et la société du XVIIe siècle. 1862. 1288
— Madame de Chevreuse. 1862. 1289

COUSIN, Victor : Madame de Hautefort. 1868. 1290
— La jeunesse de Madame de Longueville. 1291
— Madame de Longueville. 1292
— La société française au 17e siècle. 1293
CREQUY, marquise de : Souvenirs. (1710). 1803. 1303
DARIMON, Alfred : Histoire de douze ans. (1857—1869). 1313
DAUDET, Ernest : La princesse de Lerne. Récits des temps de la restauration. 1352
DAUMAS et FABAR : La grande Kabylie. 1847. 1360
DAUMAS, E. : La vie arabe et la société musulmane. 1362
— Les chevaux du Sahara. 1851. 1359
DELMAS, Emile : De Frœschwiller à Paris. 1871. 1388
DELORD, Taxile: Histoire du Second Empire. (1848/1869). 1392
DELORME, Amédée : Journal d'un sous-officier de 1870. 1891. 1397
DESCHANEL, Emile : Christophe Colomb et Vasco de Gama. 1425
DESPLACES, Ernest : Le canal de Suez. Episode de l'histoire du XIXe siècle. 1436
DOMENECH, Emmanuel : Histoire de la campagne de 1870. 1493
DIDON, le père : Les Allemands. 1884. 1843
DU CAMP, Maxime : Les convulsions de Paris. 4 vol. 1881. 1545
DUCROT : La journée de Sedan. 1872. 1550
DUFRAISSE, Marc : Histoire du droit de guerre. 1789/1815. 1555
DUMAS, Alexandre : Louis XIV et son siècle. 1845. 1580
— Louis XV et sa cour. 2 vol. 1866. 1579
DUNANT, Jean-Henry : Un souvenir de Solférino. 1863. 1625
DUPONT, Léonce : Souvenirs de Versailles pendant la Commune. 1635
ELLIOT, Madame : Mémoires sur la Révolution française. 1671
FALLOUX, Alfred-Pierre de : Louis XVI. 1860. 1793
FEREAL, V. : Mystères de l'Inquisition et autres sociétés secrètes d'Espagne. 1859. 1811
FERME, Albert : Boulogne d'après les documents authentiques. 1814
FEUGERE, Léon :Les femmes poètes du XVIe siècle. 1830
FEZENSAC, duc de : Souvenirs militaires de 1804/1814. 1870
FOURNIER, Edouard : Histoire du Pont-Neuf. 2 vol. 1975
— Les Prussiens chez nous. 1871. 1976
FRANCE, Anatole : La vie de Jeanne d'Arc. 2 vol. 1993
FRANCE MILITAIRE : Histoire des armées françaises de terre et de mer de 1792 à 1873. 2003
FRARY, Raoul : Le péril national. 1881. 2013
FREMY, Arnould : Les mœurs de notre temps. 1881. 2019

IDEVILLE, Henry de : Les petits côtés de l'histoire. 1884. 2558
— Journal d'un diplomate en Italie. 2 vol. 2559
Tome 1 : Turin : 1859/1862.
— 2 : Rome : 1862/1866. 1873.
JUNG, Th. : Bonaparte et son temps. 1769/1799. 3 vol. 2628
JAKOB, P.-L. : Curiosités de l'Histoire de France. 2 vol. .. 2581
— Curiosités de l'histoire du vieux Paris. 2582
JANIN, Jules : Barnave. 2 vol. 2598
JANZE, A. de : Berryer. Souvenirs intimes. 1881. 2612
JURIEN de la Gravière : La marine d'autrefois. 1865. 2745
KOBEKO, Dimitri : La jeunesse d'un tsar. Paul I. et Catherine II. 2673
LABOULAYE, Edouard : Etudes contemporaines sur l'Allemagne. 1865. 2718
— Histoire des Etats-Unis. 3 vol. 1867. 2720
— Le parti libéral, son programme et son avenir. 2722
LANFREY, P. : Histoire de Napoléon Ier. 5 vol. 2791
— Histoire politique des papes. 1860. 2792
LANO, Pierre de : La cour de Napoléon III. 1892. 2796
LARCHEY, Lorédan : Les cahiers du capitaine Coignet. 1799/1815. 2804
LAUGEL, Auguste : Les Etats-Unis pendant la guerre. 1861/65. 2818
LAUZUN, duc de : Mémoires. (1747/1783). 1858. 2840
LEBRUN, duc de : Bazeilles-Sedan. 1891. 2887
LECOMTE, Georges : Clemenceau. 6 gravures. 1919. 2892
LE FEVRE DEUMIER, J. : Etudes biographiques et littéraires sur quelques célébrités étrangères. 1854. .. 2905
LEGOUVE, Ernest : Soixante ans de souvenirs. 2 parties. 2910
LEMONNIER, Camille : Les charniers (Sedan). 1881. 2922
LENOTRE, G. : Vieilles maisons, vieux papiers. 3 séries. .. 2932
LESCURE, de : Richelieu, Nouveaux mémoires. 4 vol. 1869. 2948
LEUDET, Maurice : Nicolas II. intime. Ouvrage ill. 2974
LICHTENBERGER, Henri : L'Allemagne moderne. 1908. 2992
LOCKROY, Edouard : M. de Moltke, ses mémoires et la guerre future. 1892. 3000
LOLIEE, Frédéric : Le duc de Morny et la société du second Empire. 1909. 3005
LAMON, A. : Captivité de l'amiral Bonard et de l'amiral Bruat (Souvenirs d'Algérie). 3010
MAISTRE, Joseph de : Mémoires politiques et correspondance diplomatique. 1858. 3075
MARGUERITTE, Paul et Victor : Le désastre. 3180
MARTHA, C. : Les moralistes sous l'empire romain. 1866. 3204

MAUPAS, de : Mémoires sur le second Empire. 2 parties. . . 3336
MERY : André Chénier. 1858. 3224
MESNARD, Paul : Histoire de l'Académie française depuis sa fondation jusqu'en 1830. 1857. 3351
MICHELET, J. : Louis XIV. et la révocation de l'Edit de Nantes. 1860. 3366
— La Pologne martyre. 1863. 3370
MICHIELS, Alfred : Histoire secrète du gouvernement autrichien. 3378
MISMER, Ch. : Souvenirs d'un dragon de l'armée de Crimée. 3398
MOCH, Gaston : La question de la légion étrangère. 1914. 3403
MONSELET, Charles : Histoire anecdotique du tribunal révolutionnaire. (17 août—29 novembre 1792). 1853. 3431
MONTALIVET, de : Rien! 18 années de gouvernement parlementaire. 1865. 3432
MONTARLOT, Paul : Journal de l'invasion. Châteaudun, 4 sept. 1870—11 mars 1871. 1871. 3437
MOREAU : Impressions et souvenirs du siège de Belfort par un volontaire de l'armée de Belfort. 1871. . . 3471
MUSSET, Paul de : Femmes de la régence. Galeries et portraits. 3524
NEUILLY, de : Souvenirs et correspondance. 1865. 3552
OLIVIER, Emile : Le 19 janvier. Compte-rendu aux électeurs de la 3e circonscription de la Seine. 1869. 3623
ORLEANS, duc d' : Campagnes de l'armée d'Afrique. 1835/39. 3645
ORLEANS, Mme la duchesse d' : Hélène de Mecklemburg-Schwerin. 1859. 3648
PAPIERS ET CORRESPONDANCE de la famille impériale. 2 vol. 1871. 3691
PLUTARQUE français : Vie des hommes et des femmes illustres de la France depuis le Ve siècle jusqu'à nos jours. Tome 1) Moyen-âge; 2) XIVe, XVe, XVIe siècles.
— 3) XVIe, XVIIe siècles; 4) siècle de Louis XIV.
— 5) manque; 6) Révolution.
POLICE contemporaine : 3e partie et dernière, des mystères de la police. 3789a
POLICE pendant la Révolution et l'Empire. 2e partie des mystères. 3789
PREVOST-PARADOL : Elisabeth et Henri IV. 1595/1598. 1863. 3854
— La France nouvelle. 1868. 3855
PRINCESSE PALATINE : Lettres inédites. 3680

PROUDHON, P.-J. : La guerre et la paix. Recherches sur le principe et la constitution du droit des gens. 2 vol. 3850
— Du principe fédératif et de la nécessité de reconstituer le parti de la révolution. 1863. 3862
QUINET, Edgar : La révolution. 2 tomes. 3889
RAGUSE, duc de : Mémoires. De 1792/1832. 1857. 3918
RECAMIER, Mme : Souvenirs et correspond. 2 vol. 1859. 3948
REGNAULT, Elias : Histoire de huit ans. 1840/48. 3953
REMUSAT, Charles de : La Saint-Barthélémy........... 3963
RENEE, Amédée : Les nièces de Mazarin. Etudes de mœurs et de caractères au XVIIe siècle. 1857. 3978
REVOIL, B.-H. : Le roi d'Oude, Mœurs de l'Inde. 1858. .. 3988
RICHELIEU, duc de : Mémoires. 1858. 4043
— Nouveaux mémoires. 1696/1788. 2953
RIVET, Charles : Le dernier Romanof. 1919. 4063
ROBERTSON, W. : Histoire de Charles-Quint. 2 vol. 4080
ROTHAN, G. : L'Allemagne et l'Italie. 1870/71. 2 vol. .. 4110
ROUSSET, Camille : Histoire de Louvois et son administration politique et militaire. 4 vol. 4115
SAINT-AMAND, Imbert de : La citoyenne Bonaparte. 1883. 4130
— La cour de l'impératrice Joséphine. 4131
— La jeunesse de l'impératrice Joséphine. 4179
— La jeunesse de la duchesse d'Angoulême. 4132
— La duchesse d'Angoulême et les deux restaurations. 1887. 4133
— La duchesse de Berry et la cour de Louis XVIII. .. 4134
— La duchesse de Berry et la révolution de 1830. .. 4135
— La duchesse de Berry et la Vendée. 1889. 4136
— La captivité de la duchesse de Berry. 1890. 4137
— Les dernières années de la duchesse de Berry. .. 4138
— Les exils. 4139
— Louis-Napoléon et Mlle de Montijo. 4140
— La jeunesse de la reine Marie-Amélie. 4141
— Marie-Amélie et l'apogée du règne de Louis-Philippe. 1894. 4142
— Marie-Amélie et la cour de Palerme. 4143
— Marie-Amélie et la cour des Tuileries. 4144
— Marie-Amélie au Palais-Royal. 4145
— Marie-Amélie et la société française en 1847. .. 4146a
— Marie-Louise et le duc de Reichstadt. 4148
— Marie-Louise et les Cent jours. 4149
— Marie-Louise et l'invasion de 1814. 4150

SAINT-AMAND, Imbert de : Les beaux jours de l'impératrice Marie-Louise. 1885. 4151
— Portraits de grandes dames. 4151a
— La révolution de 1848. 4152
— La femme du premier Consul. 4155
— Les dernières années de l'impératrice Joséphine... 4168
SAINT-MARC, B. : Les chroniques du Palais-Royal. .. 4157
SAINT-SIMON, duc de : Mémoires complets et authentiques sur le siècle de Louis XIV et la Régence. 4167
SAINT-VICTOR, Paul de : Barbares et bandits. La Prusse et la Commune. 4172
SAINTE-BEUVE, C., A. : Souvenirs et indiscrétions. 1872. 4178
— Chateaubriand et son groupe littéraire sous l'empire. 2 vol. 4177
SARAZIN, C. : Récits de la dernière guerre franco-allemande du 17 juillet 1870 au 10 février 1871. .. 4266
SAUZET, Paul : Rome devant l'Europe. 1860 4321
SAYN-WITTGENSTEIN, princesse de : Une famille princière d'Allemagne. 1886. 4326
SEINGUERLET, Eugène : Propos de table du comte de Bismarck. 4416
SIMON, Jules : Le gouvernement de M. Thiers. 1871 .. 4472
— Quatre portraits. Lamartine. Le cardinal Lavigerie. Ernest Renan. Guillaume II. 4474
— Origine et chute du second empire. 1874. 4475
STAEL, de : Deux années à la Bastille. 1718—1720. .. 4551
STEED, Henry-William : La monarchie des Habsbourg. 1914. 4570
STOFFEL : Rapports militaires écrits de Berlin. 1866—70. 4600
TAINE, Hippolyte : Essais de critique et d'histoire. 1858. 4641
TENOT, Eugène : La province en décembre 1851. 1865. 4653
THIERS, E. : Histoire du Consulat de l'Empire. 20 vol. in-8. 4690
— Histoire de Law. 1858. 4691
THIERS, Edouard et de LA LAURENCIE : La défense de Belfort. 1871. 4695
THOUMAS : Causeries militaires. 4 séries. 4700
TIREL, Louis : La république dans les carrosses du roi. Scènes de la révolution de 1848. 1850. 4731
TISSANDIER, Gaston : En ballon pendant le siège de Paris. 1871. 4736
TOCQUEVILLE, Alexis de : De la démocratie en Amérique. 1864. 4753
TROCHU, général : L'armée française en 1867. 4801
VALBERT, G. : Hommes et choses d'Allemagne. 1877. 4862

ALSATIQUES

MICHIELS, Alfred : Les anabaptistes des Vosges. 1860. .. 3377
MULLER, Paul : La révolution de 1848 en Alsace. 1912. 3493
OBERKIRCH, baronne d' : Mémoires. 2 vol. 1853. 3585
PILLOT Neyremand, de : Histoire du conseil souverain d'Alsace. 3762
REGAMEY, Jeanne et Frédéric : Récits d'un vieil Alsacien. 3940
REUSS, Rodolphe : Histoire de Strasbourg depuis ses origines jusqu'à nos jours. 1922. 3975
— Histoire d'Alsace. 1912. 3983
RICHARD, R.-A. : La Kaysersburg d'Alsace. Récit du XIIIe siècle. 4028
RIVAL, Jeanne : Annexés. Scènes de la vie alsacienne. 4062
STAUBEN, Daniel : Scènes de la vie juive en Alsace. 1860. 4567
SCHEURER-KESTNER, A. : Souvenirs de jeunesse. 1905. 4346
SEE, Julien : Journal d'un habitant de Colmar. 1870. .. 4408
SEINGUERLET, E. : Strasbourg pendant la révolution. 1881. 4417
SIEFFERMANN : Procès des accusés du Haut-Rhin dans l'affaire du 14 juin 1849. 4454
— Souvenirs de l'année terrible. 1870/71. 1910. 4455
SOCIETE (la) de Strasbourg, par Mme la baronne *** .. 4487
SPACH, Louis : Oeuvres choisies. 5 vol. Biographie, Archéologie histoire et littérature alsatiques. 1871... 4536
SPETZ, Georges : L'Alsace gourmande. Poème gastronomique suivi de 140 recettes alsaciennes. 1914. .. 4546
— Légendes d'Alsace. 1912. 4547
STEPHANY, A. : Les coulisses de l'Alsace-Lorraine. Trad. all. 1908. 4560
STOEBER, Auguste : Curiosités de voyages en Alsace. 1874. 4595
VERON-REVILLE, M. : Histoire de la révolution française. 1789/95. 5026
VERWALTUNGS-Handbuch : Verwaltungs- und Geschäfts-Handbuch für den Bezirk Ober-Elsass. 1888. 5028
WAGNER, Emile : Les ruines des Vosges. 2 vol. 1920. .. 5103

RÉCITS DE VOYAGE ET DE GÉOGRAPHIE

CHARMES, Gabriel : Cinq mois au Caire et dans la Basse-Egypte. 1038
CHARNAY, Désiré : Le Mexique. Souvenirs et impressions de voyage. 1863. 1043
CHATEAUBRIAND, François-René : Itinéraire de Paris à Jérusalem. 2 vol. 1066
CHOISY, Auguste : L'Asie Mineure en 1875. Souvenirs de voyage. 1129
COLET, Louise : L'Italie des Italiens. 4 parties. 1862/64. .. 1189
COTTE, Narcisse : Le Maroc contemporain. 1860. 1277
CUMMING, Gordon : voir Dumas Alex. : La vie au désert.
DEMIDOFF, Anatole de : Voyage dans la Russie méridionale et la Crimée, par la Hongrie, la Valachie. 1854. 1418
DAUMAS : Le Sahara algérien. Etudes géographiques et historiques sur la région au Sud des établissements français en Algérie. 1845. 1361
DAVESIES DE PONTES, Lucien : Etudes sur l'Orient. 1865. 1367
DELVAU, Alfred : Du pont des arts au pont de Kehl. 1413
DIDIER, Charles : Cinquante jours au désert. 1857. 1475
— 500 lieues sur le Nil. 1858. 1476
— Les nuits du Caire. 1860. 1477
— Séjour chez le Grand-Chérif de la Mekke. 1478
DIXON, Hepworth : La nouvelle Amérique. 1869. 1488
DUMAZET, Ardouin : Les provinces perdues. 3 vol. 1907. .... 1620/1620b
DUMONT d'Urville, Jules : Voyage au Pôle Sud et dans l'Océanie 1622
FORBIN, comte de : Voyage au Siam. Mémoires de l'abbé de Choisy. 1945
FOSSEY, Mathieu de : Le Mexique. 1865. 1960
FROMENTIN, Eugène : Un été dans le Sahara. 1857. 2035
GASPARIN, Agénor de : A travers les Espagnes. 1869. 2096
GAUTIER, Théophile : Voyage en Russie. 2 vol. 1867. .. 2133
GERARDI, Saintine : 3 ans en Judée. 1860. 4188
GOBINEAU, Arthur de : Trois ans en Asie de 1855—1858. 2221
GONDRECOURT, A. de : Médine. 2 séries. 2258
GOZLAN, Léon : Les châteaux de France. 1857. 2297
GREGOROVIUS, F. : Rome et ses environs. (Promenades italiennes). 2320
JOANNE : Les guides bleus. 2380

2380a : Bourgogne, Franche-Comté, Morvan, Jura, Lyonnais. 1920.
2380b : Normandie. 1919.
2380c : Dauphiné. 1914.

GUINNARD, A. : Trois ans d'esclavage chez les Patagons. 2385
HEDIN, Sven : Le Tibet dévoilé. 1910. 2450
HERISSON, comte d' : Journal d'un interprète en Chine. 1886. .... 2454b
HOMMAIRE DE HELL, Adèle : A travers le monde. 1870. 2481
— Les steppes de la mer Caspienne. 2482
HUC : Souvenirs d'un voyage dans la Tartarie et le Tibet pendant les années 1844-46. 2 vol. 2525
HUEBNER, de : Promenade autour du monde. 1871. 2520
HURET, Jules : Berlin. 1909. 2551
— De Hambourg aux marches de Pologne. 1908. 2552
— Rhin et Westphalie. 1909. 2553
JACQUEMONT, Victor : Correspondance avec sa famille et ses amis pendant son voyage dans l'Inde. 2592
— Correspondance inédite avec sa famille et ses amis. 1824/1832. 2 vol. 2593
KLOBB : Dernier carnet de route. Au Soudan français. 1899. 2668
KIEPERT, Henri : Nouv. carte de la régence de Tunis 1881. 942
KOECHLIN-SCHWARTZ, A. : Un touriste en Laponie. .. 2678
KOHN, Georges : Autour du monde. 1884. 2683
LAGARDE, Charles : Une promenade dans le Sahara. 1885. 2738
LAMARTINE, A. de : Voyage en Orient 1832/1833. 2 vol. 2772
LANOYE, F. de : L'Inde contemporaine. 1855. 2802
LEVAILLANT, F. : Abrégé de voyage dans l'intérieur de l'Afrique. 2979
LOTI, Pierre : Le désert. 1895. 3015
— La Galilée. 1896. .... 3017a
— Un pèlerin d'Angkor. 1912. 3021
MALOT, Hector : La vie moderne en Angleterre. 1862. .. 3139
MARGUERITTE, A. : Chasses de l'Algérie et notes sur les Arabes du Sud. 1869. 3162
MARMIER, Xavier : Nouveaux souvenirs de voyage 1845. 3194
MASSIAS, H. : Un voyage dans les mers de l'Inde. 2 vol. 1869. 3225
MAYNARD, Félix : Voyages et aventures au Chili. 1858. 3250
MERRUAU, Paul : Les Conscrits en Australie, 1851/1854. 3318
NARJOUX, Félix : En Allemagne. La Prusse et ses annexes. 3536
NERVAL, Gérard de : Souvenirs d'Allemagne. Loreley. 1860. 3546
O'RELL, Max : Les chers voisins. 1885. 3641
PALGRAVE, W. G. : Une année dans l'Arabie centrale. 1862/1863. 3682
PFEIFFER, Ida : Voyage d'une femme autour du monde. 1858. 3745
— Mon second voyage autour du monde. 1857. 3746

POUJADE, Eugène : Le Liban et la Syrie. 1860. 3830
PUAUX, René : La malheureuse Epire. 1914. 3873
RAMBERT, Eugène : Les Alpes suisses. 5 séries. 1869. .. 3923
RENAN, Ernest : Les apôtres. 1866. 3968
— Questions contemporaines. 1868. 3971
— Saint-Paul. 1869. 3972
— Vie de Jésus. 1863. 3973
— De l'origine du langage. 1858. 3990
— Histoire du peuple d'Israël. 5 vol. 3969
ROUSSET, Léon : A travers la Chine. 1878. 4121
RUSSEL-KILLOUGH, Henry : Seize mille lieues à travers l'Asie et l'Océanie. 1858/61. 4125
SCHRADER, F. : Atlas de géographie historique. 1896. .. 220
SEMMES, R. : Croisières de l'Alabama et du Sumter. 1864 4427
SIEGFRIED, Jacques : Seize mois autour du monde. 1867 à 1869. 4443
SOUVENIRS de voyage. Une visite à quelques champs de bataille de la vallée du Rhin. 1869. 4492
SPEKE, John-Hanning : Les sources du Nil. Journal de voyage. 1864. 4541
TAINE, Hippolyte : Notes sur l'Angleterre. 1872. 4642
— Voyage en Italie. 2 vol. 1866. 4643
TINSEAU, Léon de : Du Havre à Marseille par l'Amérique et le Japon. 1891. 4719
TISSOT, Victor : De Paris à Berlin. Mes vacances en Allemagne. 4742
— La Suisse inconnue. 1888. 4743
TREVIER, E. : Mon voyage au continent noir. 1891. 4796
VALCIS, Alfred de : Mexique, Havane et Guatemala. 1861. 4879
VERNE, Jules : Découverte de la terre. Histoire des grands voyages et des grands voyageurs. 2 vol. 4915
— Les navigateurs du XVIIIe siècle. 2 parties. 4937
— Les voyageurs du XIXe siècle. 2 parties. 4950
VERNEUIL, V. : Mes aventures au Sénégal. 1858. 5000
WARREN, Edouard de : L'Inde anglaise avant et après l'insurection de 1857. 1858. 5116
WEISS, J.-J. : Au pays du Rhin. 1886. 5126
WEY, Francis : Les Anglais chez eux. 1857. 5137
— La Haute-Savoie. 1865. 5143
YVAN, M. : De France en Chine. 1858. 5170

SCIENCES DIVERSES

ADAN, H.-Ph. : Le microscope. Coup d'œil discret sur le monde invisible. 1873. 78

ALBUM : Grand album illustré de l'industrie automobile pour l'année 1900. 134

L'ART de combattre l'armée allemande. 1887. 185

BAUTAIN, l'abbé : Le chrétien de nos jours. Lettres spirituelles. 2 vol. 1861. 385

BERSOT, Ernest : Mesmer et le magnétisme animal. 1854. 535

BESANT, Annie : L'avenir imminent. 570

— L'homme et ses corps. 1908. 571

— Le monde de demain. 1910. 572

BONNEJOY, le docteur : Le végétarisme et le régime végétarien rationnel. 1891. 697

BUECHNER, Louis : L'homme selon la science. 1872. 873

COLLIERE, Henri : Le végétarisme et la physiologie alimentaire. 1907. 1187

FABRE, J.-H. : Souvenirs entomologiques. 2 vol. 1791

FIGUIER, Louis : L'année scientifique et industrielle ou exposé annuel des travaux scientifiques, des inventions et des principales applications à la science et aux arts. 40 volumes. 1875

— Histoire du merveilleux dans les temps modernes. 4 vol. 1860. 1876

— L'homme primitif. 1870. 1877

— Les merveilles de l'industrie. 4 vol. 1878

— Les merveilles de la science. 4 vol. 1879

FLAMMARION, Camille : Contemplations scientifiques. 1870. 1909

— Les mondes imaginaires et les mondes réels. Voyage pittoresque dans le ciel. 1870. 1910

— La pluralité des mondes habités. 1871. 1911

KAEPPELIN, R. : L'univers, Dieu et l'homme. 1864. 2632

LALANNE, Ludovic : Curiosités des inventions et découvertes. 2671

LARROQUE, Patrice : Examen critique des doctrines de la religion chrétienne. 1860. 2812

LARROQUE, Patrice : Rénovation religieuse. 1860. 2813
LEADBEATER. C.-W. : L'autre côté de la mort. 1910. .. 2875
— Echappées sur l'occultisme. 1909. 2876
— Le plan astral. Publications théosophiques. 2877
LEGOUVE, Ernest : Les pères et les enfants au XIXe siècle. 2 vol. 2912
LES MARQUES de fabrique françaises. 1877. 3199
MAURY, L.-F.-Alfred : La magie et l'astrologie dans l'antiquité et au moyen-âge. 1860 3247
— Le sommeil et les rêves. Etudes psychologiques sur ces phénomènes. 1861. 3248
PARIS, comte de : Les associations ouvrières en Angleterre. 1869. 3703
PASCAL, Th. : Essai sur l'évolution humaine. 1908. Publications théosophiques. 3708
PASCAULT, L. : Alimentation et hygiène de l'arthritique. 1905. 3714
— Conseils théoriques et pratiques sur l'alimentation. .. 3713
PROUDHON, P.-J.: Manuel du spéculateur à la Bourse. 1857 3861
— Des réformes à opérer dans l'exploitation des chemins de fer et des conséquences qui peuvent en résulter. 1885. 3863
REYNAUD, Jean : Terre et ciel. 1866. 4018
SALGUES, J.-B. : Des erreurs et des préjugés répandus dans les diverses classes de la société. 1847. 4209
LES SCANDALES de Londres dévoilés par la Pall Mall Gazette. 1885. 4331
SCHURE, Edouard : Les grands initiés. Esquisse de l'histoire secrète des religions. 1909. 4371
SIMON, Jules : Dieu, Patrie, Liberté. 1883. 4470
— L'école. 1865. 4471
— L'ouvrière. 1861. 4473
— Le travail. 1866. 4476
STRAUSS, D.-F. : Nouvelle vie de Jésus. Trad. de l'allem. 4605
TOUSSENEL, A. : L'esprit des bêtes. Zoologie passionnelle. 1858. 4779
— Tristia. 1863. 4781
VAPEREAU, Gustave : Dictionnaire universel. 1445

PERIODIQUES

www.ingramcontent.com/pod-product-compliance
Ingram Content Group UK Ltd.
Pitfield, Milton Keynes, MK11 3LW, UK
UKHW020948180726
13838UKWH00003B/1198

9 782329 178028